区域经济协调发展的测度研究

卢米雪 著

北京工业大学出版社

图书在版编目（CIP）数据

区域经济协调发展的测度研究 / 卢米雪著． — 北京：北京工业大学出版社，2020.7（2022.1 重印）
ISBN 978-7-5639-7564-8

Ⅰ．①区⋯ Ⅱ．①卢⋯ Ⅲ．①区域经济发展－协调发展－研究－中国 Ⅳ．① F127

中国版本图书馆 CIP 数据核字（2020）第 136379 号

区域经济协调发展的测度研究
QUYU JINGJI XIETIAO FAZHAN DE CEDU YANJIU

著　　者：	卢米雪
责任编辑：	刘连景
封面设计：	点墨轩阁
出版发行：	北京工业大学出版社
	（北京市朝阳区平乐园 100 号　邮编：100124）
	010-67391722（传真）　　bgdcbs@sina.com
经销单位：	全国各地新华书店
承印单位：	三河市明华印务有限公司
开　　本：	710 毫米 ×1000 毫米　1/16
印　　张：	10.75
字　　数：	215 千字
版　　次：	2020 年 7 月第 1 版
印　　次：	2022 年 1 月第 2 次印刷
标准书号：	ISBN 978-7-5639-7564-8
定　　价：	56.00 元

版权所有　翻印必究

（如发现印装质量问题，请寄本社发行部调换 010-67391106）

前　言

区域经济空间极化指在经济发展过程中因不同地区的发展速度不同导致区域经济偏离原有的空间平衡状态而呈现出相似经济发展水平地区相对集聚的分布态势，即经济发展水平较高地区和经济发展水平较低地区分别呈现相对集聚分布态势。这里的空间平衡状态不是无差异的绝对平均状态，而是经济发展水平较高地区或经济发展水平较低地区较为平均地分布在区域中的相对平均状态，即经济发展水平较高地区和经济发展水平较低地区相互交织地分布在一起的状态。

区域经济协调发展是我国重要的战略任务，是全面建成小康社会进而实现全体人民共同富裕的内在要求。党的十九大明确提出了实施区域协调发展战略。加大力度支持革命老区、民族地区、边疆地区、贫困地区的发展，强化举措推进西部大开发形成新格局，深化改革加快东北等老工业基地振兴，发挥优势推动中部地区崛起，创新引领率先实现东部地区优化发展，建立更加有效的区域协调发展新机制。统筹区域协调发展，就是要按照科学发展观的要求，统筹兼顾、合理布局，妥善处理区域发展中的各方面关系，走各地区协调发展、共同富裕之路。统筹区域协调发展是实践科学发展观的重要方面，是促进国民经济持续快速健康发展和社会全面进步，实现全面建成小康社会目标的重要途径。决策者通过区域经济协调发展水平的测度可以了解过往区域政策的执行效果，可为今后的区域政策制定提供参考。

本书详细阐述了经济区域的划分、区域经济协调发展状况的测度分析、区域经济协调发展问题与测度、区域政府竞争与市场竞争的测度及互动关系分析、区域经济协调发展水平的测度及影响因素分析、完善并优化政府和市场竞争机制以促进区域经济协调发展。作者希望本书能为从事研究区域经济协调发展的工作人员提供些许帮助。

本书参考了一些同领域专家学者的研究成果，在此向相关作者表示衷心的感谢。由于作者水平和经验的限制，书中难免存在不妥之处，希望广大读者批评指正。

目　录

第一章　导　论 ………………………………………………………… 1
第一节　区域经济学与统计学 ………………………………………… 1
第二节　国内外研究现状 ……………………………………………… 3
第三节　我国传统区域经济发展方式的反思 ………………………… 8
第四节　区域经济协调发展 …………………………………………… 14

第二章　经济区域的划分 ……………………………………………… 24
第一节　区域的概念和特征 …………………………………………… 24
第二节　经济区域的概念和特征 ……………………………………… 25
第三节　经济区域的划分方法 ………………………………………… 26
第四节　我国主要经济区域的划分 …………………………………… 30

第三章　区域经济协调发展状况的测度分析 ………………………… 37
第一节　区域经济协调发展总体概况 ………………………………… 37
第二节　区域经济协调发展水平测度 ………………………………… 38
第三节　区域经济协调发展水平的基本结论 ………………………… 39
第四节　政府竞争、市场竞争与区域经济协调发展的测度理论分析 … 40

第四章　区域经济协调发展问题与测度 ……………………………… 66
第一节　ISSP指标设计与构建 ………………………………………… 66
第二节　区域经济协调发展存在的问题 ……………………………… 68
第三节　区域经济协调发展的问题成因 ……………………………… 69

第四节　区域经济的差距测度 …………………………………… 72
　　第五节　区域经济的发展进程测度 ……………………………… 86
　　第六节　区域经济协调发展综合评价指标体系测度 …………… 105

第五章　区域政府竞争与市场竞争的测度及互动关系分析 ……… 118
　　第一节　区域政府竞争的测度及现状考查 ……………………… 118
　　第二节　区域市场竞争的测度及现状考查 ……………………… 121
　　第三节　政府竞争和市场竞争相互关系的实证检验 …………… 124

第六章　区域经济协调发展水平的测度及影响因素分析 ………… 126
　　第一节　区域间经济协调发展水平的测度 ……………………… 126
　　第二节　区域间经济协调发展水平的现状及演变分析 ………… 129
　　第三节　政府和市场视角下区域间经济协调发展的影响因素分析 …… 134

第七章　完善并优化政府和市场竞争机制以促进区域经济协调发展　137
　　第一节　区域经济协调发展测度及政府策略的基础理论 ……… 137
　　第二节　先发区域经济发展的政府策略建议 …………………… 141
　　第三节　后发区域经济发展的政府策略建议 …………………… 142
　　第四节　合理规范区域政府竞争机制推动区域经济协调发展 … 145
　　第五节　市场竞争视角下区域经济协调发展的促进策略 ……… 150
　　第六节　双重竞争互动协作促进区域经济协调发展 …………… 155

参考文献 ………………………………………………………………… 161

第一章 导 论

区域经济协调发展问题是21世纪初经济领域中最热点问题之一。区域经济学产生至今已近半个世纪。半个世纪以来，区域经济研究者一直探索在区域经济研究中引进统计方法，用统计测度理论和方法来分析和解释纷繁复杂的区域经济现象。随着区域经济学的不断完善、成熟，统计学与区域经济学紧密结合，使区域经济学从定性向定量转变、从传统向现代迈进。如何用统计测度理论和方法划分经济区域，如何对区域经济的差距、区域经济发展进度、区域经济协调发展综合指标体系进行统计测度，以及对区域经济竞争力、区域经济可持续发展、区域经济现代化进程、区域政府政绩的综合评价等问题进行科学的统计测度、评价，系统地形成区域经济协调发展统计测度理论和方法，用于指导区域经济协调发展的描述、判断和综合评价，不仅是一个重要的现实经济理论问题，也是一个重要的统计测度方法问题。

第一节 区域经济学与统计学

一、区域经济学

什么是区域经济学？迄今为止，学术界对此仍有不同看法。大部分学者认为区域经济学就是研究区域经济发展的科学。这里，所谓"区域经济发展"，既包含了单个区域的经济增长和发展，也包括了区域之间的经济联系和相互制约关系。

区域经济学是现代经济学的一个重要分支，区域经济学的研究领域相当广泛。概括地说，区域经济学研究的基本领域有如下几个方面。

（1）单个区域的经济发展问题研究。研究范围限于某一个区域经济发展问题，具体研究内容包括区域经济发展因素、区域经济增长、区域经济结构、区域空间结构、区域经济发展模式等。

（2）区域之间的经济关系研究。研究范围为多个相关区域的经济发展问题，具体研究内容包括区域经济差异、区际要素流动、区域经济分工合作、区域经济利益矛盾与协调、区域经济空间体系等。

（3）区域经济发展战略和规划研究。研究范围为一个或多个区域经济发展问题，着重对区域经济未来的发展问题进行研究，具体研究内容包括区域经济发展现状和问题分析、区域经济发展趋势预测、区域经济发展模式选择和设计，以及区域经济发展的对策措施等。

（4）区域经济政策研究。研究范围为国家或区域整体经济发展问题，研究如何促进和协调区域经济发展，对区域经济进行有效的管理和调控，以期提高区域经济效率。具体研究内容包括区域经济政策的一般问题（如政策目标、政策工具）、区域经济政策设计、区域经济政策效应评价、区域经济政策调整等。

（5）区域经济研究方法研究。研究范围为国家或区域整体经济发展问题，具体内容包括经济学、社会学、行政学、政治学、地理学、统计学、数学和计算机等相关学科的方法在区域经济研究中的应用，其目的是为区域经济研究提供有效的理论依据和分析方法。其中统计测度方法在区域经济研究方法中的地位越来越重要。

二、区域经济学与统计学的关系

统计学是一门应用性很强的学科，只要涉及数据收集和数据分析的学科，都是统计学的用武之地。

具体来说，统计学与区域经济学有如下联系。

（1）统计学为区域经济学提供了大量的统计资料。例如，区域经济学要研究人口、劳动力、资金、产品、产值、技术要素、生产发展水平与规模、产业结构与产业组织、市场容量与发育程度、生产成本与生产效率等要素及其发展变化关系，资料数据的来源、收集和整理都离不开统计学。

（2）统计学为区域经济学的数量分析提供了科学有效的研究方法。例如，统计方法可以帮助区域经济学探索学科内在的数量关系，寻求合理的数量比例和数量界限。

（3）区域经济学的研究领域为统计理论和方法的发展提供了广阔天地。例如，随着区域经济学的不断发展和完善，经济区域的划分方法、区域经济的差距统计测度、区域经济发展进度的统计测度、区域经济协调发展综合指标体系的统计测度等也由于区域经济学的产生而迅速发展起来。

第二节 国内外研究现状

德国经济学家杜能在《孤立国同农业和国民经济的关系》中首次提出"区位"的概念。关于区域的研究，国外的学者主要研究区域经济如何增长，区域经济的发展差异如何形成以及如何弥补区域经济发展形成的差距。

一、国外研究现状

1. 有关区域经济增长的研究

美国经济学家胡佛（Hoover）和费希尔（Fisher）最早提出区域经济增长理论。其将所有区域的经济增长分为五个阶段，即自足经济阶段、乡村经济兴趣阶段、乡村产业转型阶段、工业经济阶段、第三产业输出阶段，且认为所有的发展都具有标准的发展次序。

法国经济学家佩鲁（Perroux）提出区域经济增长的增长极理论。其认为产业集聚形成的增长极是经济活动的中心，分别影响区域的中心和边缘地带。产业集聚会形成规模经济，从而带动整个区域的经济发展。

瑞典经济学家米达尔（Myrdal）在佩鲁的基础上提出，增长极对周边地区的经济增长具有负面效应。此被认为是回波效应：由于经济收益从区域的中心向周边递减，所以所有的生产要素都会向区域中心集聚，使得区域内部的经济差异扩大。

美国经济学家弗里德曼（Friedman）提出了核心-边缘发展理论，认为区域核心的发展会向区域周边扩散，从而促进相关空间系统性发展。

波兰经济学家彼得·萨伦巴（Prof. Piotr Zaremba）和博莱斯塔·马利什（Bolestam Malisz）在20世纪70年代则从极增长理论发展出由点到轴的发展理论，认为增长极为点，其间交通为轴，各种资源要素向两点集聚，从而产生新的增长点。

美国经济学家罗默（Romer）在20世纪80年代进一步发展出新增长理论。

其认为知识是新的增长力量，促进区域经济增长。该理论突破了过去经济要素不发生变化的假设，为经济增长找到了新的增长点。

美国经济学家马丁（Martin）在20世纪90年代研究发达国家和发展中国家的经济差距时，发现发达国家具有发展的收敛和趋同的条件，而发展中国家则不具有这种特质。进而国际间"穷国"与"富国"的经济差距会越来越大，且不会逆转彼此的经济地位。

2. 有关区域经济差异形成的研究

在研究经济差异形成中，美国经济学家库兹涅茨（Kuznets）首先提出Kuznets曲线，该曲线表明不同时期由于各种要素不同，造成了区域间经济不同的发展水平。由于一个区域内从边缘到中心的投入的要素不同，从而产生了经济发展的差异，区域间的经济差异同理。

美国经济学家希沙曼（Hischaman）认为，区域的中心和边缘地区在经济发展中会形成两种效应，发达地区会对落后地区的资源形成吸引，发达地区也会对落后地区造成经济辐射形成经济传递，即出现极化效应和涓滴效应。总的来说，极化效应会大于涓滴效应，故而产生经济差异。

美国经济学家威廉姆森（Williamson）认为，区域经济差异呈倒"U"形。在经济发展的前期，区域的经济差异会扩大，并在一定时期内保持差异的稳定。但在经济发展一段时间后，特别是进入成熟增长阶段后，区域的经济差异会逐渐缩小。

美国经济学家汤普森（Thompson）通过研究工业区的发展过程，提出了区域经济发展周期理论。一个区域的经济发展和有机体一样遵循一个固定的周期，不同的阶段问题不同，故不同区域由于各自周期的阶段不同而产生差异。

美国经济学家弗农（Vernon）认为，区域经济差异是由于产业结构的不同而形成的。区域的经济发展呈现梯度状，产业结构优势的转变形成了梯度高低的转变，该理论被称为梯度转移理论。

英国经济学家卡尔多（Kaldor）提出了循环积累因果理论。该理论认为区域经济发展是经济集聚的结果，而资源积累是集聚的前提。多种因素产生利益循环累积，导致区域经济增长。

美国经济学家阿隆索（Alonso）提出钟形理论来阐述区域经济增长差异形成的过程。总体来说，区域差异的形成过程呈钟形。

美国经济学家克鲁格曼（Crugman）在20世纪90年代将地理区位作为重要变量引入区域经济分析中，丰富了区域经济差异的研究。在20世纪90年代后，经济全球化、新地理经济学、层域理论等概念和理论的发展以及量化研究的进一步深化和创新使得区域差异的研究更加深入和全面，学术界对于区域经济差异的研究更加客观。

3. 有关缩小区域经济差距的研究

美国经济学家 Friedman 认为在区域的中心－外围关系中，中心区域可以通过支配信息、现代化、联动和生产效应等强化边缘地区的支配地位。核心区域在经济发展中会产生扩散效应促进边缘地区的发展，缩小区域经济差异。

奥地利经济学家梅尔（Maier）和托特林（Todtling）改变单一的"自富而弱"的经济发展模式，认为区域经济发展需要靠技术和知识等内部力量。

德国经济学家克莱门斯·福斯特（Clemens Fuest）运用区域政策模型研究欧盟诸国补贴政策，得出补贴作为一种分配机制可以有效地改变落后地区的劣势，实现经济发展的协调。

挪威经济学家凯伦（Karen）通过对地理经济学的研究，得出由技术和科技进步造成的知识溢出是消除经济差异的重要手段，然而消除经济差异，是一个昂贵的政策选择。

英国经济学家乌雅拉（Uyarra）建立了区域创新体系（RSI）。其目的在于引导区域政策向更加协调的方面发展，RSI 虽然在理论上得到了广泛的认同，但是由于不同区域的差异性，RSI 在运行中还存有较多的问题。

二、国内研究现状

在国外学者对区域经济研究的基础上，我国首先提出了区域经济协调发展的政策，并且配套"支持东部地区率先发展，实施西部大开发，东北老工业基地振兴、中部崛起发展战略"。然而，需要指出的是，我国对于区域经济协调发展的定义、测度的认识目前尚不明确，操作性高的区域政策、协调机制又尚未成型。因此，面对区域经济协调发展这一概念，其定义、测度和政策为我国当前的学术界研究热点。

1. 有关区域经济协调发展含义的研究

暨南大学经济学院教授覃成林提出区域经济协调发展的含义：描述区域间经济关系的状态或过程，区域间开放与相互联系、发展上形成关联互动，相关区域经济都能持续或共同发展、经济差异趋于缩小。

河南省社会科学院课题组认为，区域协调发展指引导经济布局、人口分布与资源环境相适应，带动各区域发挥优势、主动对接，促进资源要素跨区域合理流动、优化配置，形成区域各具特色、分工协作、互利互惠、优势互补、良性互动、共同发展的局面，推动产业间和区域间、产业与城镇间的融合发展。

2. 有关区域经济协调发展测度与标准的研究

东南大学经济管理学院教授庄亚明提出了区域经济协调发展的 GAH 评价要素，并构建了区域经济协调发展的 GAH-S 评价体系。GAH 评价要素分别为增长（Growth，简称 G）、依附（Attachment，简称 A）、和谐（Harmony，简称 H）和系统（System，简称 S）。

暨南大学经济学院教授覃成林用莫兰指数测度区际经济联系状态，用区域经济增长率变异系数测度区域经济增长状态，用区域经济增长水平变异系数测度区域经济差异状态。他还运用区域经济协调发展度函数计算出区域经济协调发展度，并以其作为判断区域经济协调发展的指标。

复旦大学中国研究院研究员周文对我国县市 1999 年到 2010 年人均 GDP 增量数据进行空间自相关性、位置相关性进行显著性检验，并采用空间计量模型进行实证分析，以分析我国区域发展差距的收敛程度。

安徽大学高研院助理研究员夏焰运用系统协调度和空间统计分析方法从时间和空间两个维度研究我国省域高等教育投入、产出与地区经济发展的协调度及其空间分布特征。

山东财经大学金融学院副教授马孝先运用经济计量学、系统动力学等方法与计算机仿真技术，研究区域经济协调发展内生驱动因素与发展的交互影响过程、多重耦合机制，论证了区域经济发展的空间效应及相邻经济区域的耦合关系，给出了区域经济协调发展的研究框架。

3. 有关区域经济协调发展政策问题的研究

中国人民大学经济学院张乃武教授认为，我国的区域政策在两个方面存在问题。一是在宏观经济的总体趋势和国家重点建设方面，重复建设问题严重；二是在未来产业发展布局方面，存在盲目发展高新技术产业的隐患。

南开大学周恩来政府管理学院教授杨龙认为，我国的区域政策存在若干问题。首先，总体性政策和具体性政策不协调，两者存在些许矛盾；其次，我国缺乏专门的区域政策执行机构；最后，在政策的目的、执行、评估方面都不尽完美。

兰州理工大学经管学院副教授惠树鹏认为，在区域经济发展系统中区域差距的形成、扩大和缩小的逻辑演进过程正是自然区位成势、系统自我扩势和制度不断造势的过程。

哈尔滨商业大学财政与公共管理学院教授王曙光认为，区域经济发展存在的分税财政体制不完善、转移支付制度不合理、税收制度结构不规范和税收优惠政策不平衡等财政政策缺陷。

4.区域经济协调发展的政策建议研究

中央民族大学少数民族经济研究所教授王文长认为，实现区域经济协调发展应该充分发挥国内市场的潜力和客观存在的国内地区间的贸易、协作、协调发展的便利。区域间的因地制宜、分工协作和自由贸易，是提高资源配置效率的重要基础。

哈尔滨工业大学科研处教授王晓红认为，实现区域经济协调发展需要政府政策的支持，欠发达地区更应加快技术引进和科技创新，调整优化产业结构。

昆明理工大学法学院副教授丁国峰认为，实现区域经济协调发展除了需要建立立法、执法和纠纷解决机制之外，还应不断创新和丰富三单制度的体系内容，促使区域内各地明确权力清单，落实责任清单，强化负面清单，严格贯彻三单制度的精神内涵，实现区域经济协调的权威性和时代性。

中国社会科学院副研究员李建国认为我国坚持工业化、信息化与城镇化、农业现代化在互动中同步推进必将推动社会生产力实现跨越式发展。

中国社会科学院工业经济研究所副研究员袁惊柱认为，在制度安排上，我国需要出台系统化的法律法规和设立专门的管理机构来明确区域协调发展政策的主体，促进区域协调发展政策实施的规范性；针对落后地区需要构建倾斜的政策体系来完善区域互助机制；同时我国需要明确区域协调发展政策的客体，来提高政策实施的有效性。另外，在具体政策方面，我国应结合自身发展阶段特征和不同地区的发展阶段特征来实施有针对性的区域协调发展政策。

三、国内外研究简评

从上述对国内外关于区域经济协调发展的研究可以看出，无论是国内还是国外，许多问题还需要进一步研究。

从西方学者的研究来看，经过长达半个世纪的发展，各方面理论日渐成熟，他们从不同的角度解释了区域经济的发展与差异。然而，各个理论对于区域经济增长的解释还是偏于线性化。事实上，生产资料的集聚对于经济发展的影响是多重的，并不具有绝对的优点。片面地强调生产资料的集聚效应，会导致人们认为那些发展基础较弱、生产资料集聚效应差的地区，不应该获得经济繁荣，经济差异是实然且应然的。这一点无疑是不严谨的。同时，西方的研究重思想而轻技术，很少见到可行性高的具体政策研究。

我国学者研究的重点集中在研究区域间经济差异的形成机理之上，从多个角度对其做出了充分的解释，此为本书的写作提供了充足的资料和相关理论支持。但是，普遍来说，学者对于区域经济的研究都缺乏以四大区域为视角的区域间比较研究和较具体的政策建议；在实证分析方面，多数学者从本区域的实际出发，缺乏以四大区域为视角的综合研究。学者需要建立新的方法来对我国四大区域的整体情况进行测度与评价，找到针对性强的策略，为国家有关部门制定区域发展策略提供参考。

第三节 我国传统区域经济发展方式的反思

一个国家的经济能否可持续发展，主要由其发展方式决定。传统的发展方式重视数量的增加和规模的扩张，这种方式在发展的低级阶段存在其合理性，但是在经济由低级阶段向高级阶段迈进的过程中，其弊端和局限性就显现出来。现阶段结构性矛盾比较突出、利益差距不断扩大、生态环境持续恶化、科技竞争力严重缺乏，这些深刻影响了我国经济的进一步良性发展。通过对传统发展方式的反思，我们能够深切地感受到转变传统的发展方式的必然性与紧迫性。

一、经济增长的非均衡

经济发展是一个复合系统，不仅包括经济增长，还包括社会、自然和科技发展的方方面面。而经济增长又是一个集合的概念，既包括经济数量的增长，又包括经济质量的提高，是总量、速度、结构、效益和稳定性的有机统一。传统的经济发展方式，一直把经济增长的数量作为经济增长的最核心内容，较少关注经济增长质量的提高，由此形成了目前"高数量、低质量"的经济增长特征。经济增长的"低质量"主要表现在以下几个方面。

（一）经济增长的结构性失衡

1. 产业结构不尽合理

近年来，我国的第一、第二、第三产业都取得了很大的发展，但是三大产业之间以及产业内部结构比例失衡严重，仍然存在第一产业基础薄弱、第二产业素质不高、第三产业发展滞后等问题。首先，长期以来片面强调工业化的发展模式，以及长期形成的城乡失衡状况，使得我国农业基础设施落后、农产品市场体系不健全、农村资源要素持续外流现象十分严重,从而使得我国农业发展水平与世界发达国家相比,存在明显的差距;其次,第二产业虽然相对实力较为雄厚,但主要是一些低端产业和高投入高污染产业,发展方式较为粗放,对国外的依赖性较强,缺乏关键核心技术;再次,由于对服务业的重视不足,我国服务业发展迟缓,服务业比重明显偏低,我国服务业增加值占GDP的比重不仅远远落后于发达国家,也明显落后于同等发达水平的发展中国家。

2. 需求结构不尽完善

长期以来,我国投资率、出口率持续走高,消费率持续走低,形成了对投资和出口高度依赖的经济增长局面。主要依靠投资、出口两大力量拉动的发展方式,虽然在现阶段保持了较快的经济增长速度,但流动性过剩和通货膨胀压力不断加大。并且从长远来看,高投资、高出口、低消费必然会对我国经济持续健康发展带来负面影响。投资与消费失衡,使人民生活水平不能随着经济快速增长而得到同步提高,导致国内市场规模受限,生产能力相对过剩。消费率的持续下降,还对扩大内需造成严重制约,使得经济增长对出口的依赖程度不断提高。而外贸顺差过大和国际收支盈余过多,还会造成国内资金流动性过剩,反过来又助长了投资的高增长。这样在投资、消费和出口之间形成一种恶性循环,最终将限制经济的持续增长。所以,要实现国民经济持续快速健康发展,就必须由主要依靠投资、出口拉动向依靠投资、出口、消费协调拉动的发展方式转变,合理调控投资过快增长,形成内需与外需互动的增长机制。

3. 区域结构不尽协调

改革开放初期,为了加快我国经济发展,采取了非均衡的发展战略。虽然随着西部开发战略、中部崛起战略和振兴东北战略等的相继开展,经济发展方式由非均衡发展方式转向以区域统筹、区域协调为核心的均衡发展方式,但由于传统发展方式的惯性影响,目前我国区域经济差异较大,区域经济结构严重不协调。外向型经济使东部地区得到迅速发展,中西部地区的自然资源和生态利益向东部流动,从而使得中西部地区资源耗竭、环境恶化严重,社会发展滞后。

(二)经济增长的不稳定

经济增长的稳定性是衡量经济增长质量的重要方面。过度的经济波动会破坏经济长期增长的内在机制,造成社会资源的巨大浪费,从而影响经济增长的持续性。同时，过度的经济波动还会加大宏观经济运行的潜在风险，经济过热容易导致通货膨胀，经济过冷又容易造成高失业率。

我国经济增长的波动性较为明显，呈现出较强的周期性。其中最直接的原因仍在于需求结构的不合理，即经济发展对出口和投资的高度依赖。我国经济对出口的依存度高，使我国的经济波动与世界经济走势保持非常强的关联性。面对国际金融危机深层次的影响，以及全球经济结构性和系统性风险的提高，我国作为发展中国家，金融服务体系尚不完善，抵御和抗击风险的能力较弱，所以很容易受到外来冲击和突发性灾难的影响，经济增长容易随着外部因素的冲击而波动。而过度的投资如果缺乏消费的有力支撑，产能就难以及时被市场消化，递减的投资收益率就不能吸引和消化更多储蓄来形成新的生产能力，大规模投资引致的结构性通货膨胀将被产能过剩和库存化所取代，随之而来的通货紧缩又将取代结构性通货膨胀，从而会引发一轮又一轮通货膨胀与通货紧缩交替出现的经济波动。另外，我国经济周期波动在很大程度上是由渐进式的市场化改革所诱致的，也与政府在不同时期出台的宏观经济政策有很大的关系。

（三）经济增长的低效率

经济增长效率是衡量经济增长过程中劳动、资本和科学技术是否有效发挥作用的重要指标。区分粗放型与集约型增长方式，或者外延型或内涵型增长方式等都是以经济增长效率为标准的。我国传统的经济增长是典型的外延型扩大再生产和粗放型经济增长模式。

我国经济的高速增长是通过生产要素的高强度投入实现的，经济效率较低。首先，从资本产出率来看，我国资本形成总额占GDP的比重从2003—2009年连续7年维持在40%以上，2009年高达42%，接近世界平均水平的两倍。虽然我国GDP保持了较高的增长速度，但相比之下，我国资本投入的增长速度远远高于GDP增长速度，呈现出明显的高投入、低产出的特征。其次，从劳动生产率来看，我国在拥有大量劳动力资源的同时，技能型人才相对缺乏，劳动力培训等人力资源开发工作相对薄弱，所以劳动生产率较低。有资料显示，相对于发达国家，我国第二产业劳动生产率大约是美国的1/18，英国的1/16，日本的1/15，德国的1/13，法国的1/13，新加坡的1/14，韩国的1/7。虽然廉价劳动力是推动我国经济高速增长的重要动力之一，但是这种优势也随着世界科技进步的步伐以及劳动力成本的上升而削弱。最后，从能源利用效率看，我国万元GDP能耗是世界平均水平的3—4倍，发达国家的3—11倍，33种主要产品的单位能耗比国际平均水平高出46%，目前，我国的总体能源利用效率为

33%左右，比发达国家低约10个百分点。另外，我国对土地、森林等自然资源的过度开发现象也非常严重，自然资源的利用效率较低。

二、社会分配的不均等

世界银行对各国发展过程中大量经验的总结表明，公平对经济发展具有十分重要的作用。财富分配的不公平和地位的不平等必然会严重影响经济的发展。首先，在市场不健全的条件下，权利和财富的不平等将会转化为机会的不平等，导致生产潜力的浪费和资源配置无效率。其次，经济和政治的不平等将会削弱制度的发展。公平问题还通过一系列与政治和社会稳定相关的因素，间接地影响经济发展。

然而，在相当长的时期内，很多观点都认为公平与效率之间存在着替代或取舍的关系，两者不可能同时实现，追求更多的公平要以效率的损失为代价。虽然作为一种发展经济学模式和政策理念，"先增长、后分配"有逐渐让位于"边增长、边分配"的趋势，但是在许多发展中国家的发展现实中，收入差距和贫困问题仍没有得到根本的解决。经济发展战略进而经济发展方式的正确选择，被认为是产生"边增长、边分配"效应的一个关键因素。

改革开放以来，我国实行社会主义市场经济体制，逐渐形成了按劳分配为主体，多种分配方式并存的分配制度，并兼顾效率与公平，强调政府对收入分配的调节职能。

目前，我国城乡差距、区域差距、收入差距等问题较为严重。财富分配的不均，会产生社会公平问题，也会带来效率损失，既影响经济稳定发展，也不利于构建和谐社会，因此我国需要加大调节收入分配的力度，强化对分配结果的监管。

三、资源禀赋的多维约束

资源濒临枯竭、生态环境严重破坏是我国传统发展方式面临的最直接问题，也是必须转变经济发展方式的最根本动因。传统发展方式下的发展是通过大量的自然资本损失和生态赤字换来的。对自然资源的掠夺式、粗放式开采，加速了资本枯竭的进程，造成了资源严重浪费和生态环境污染。

1. 资源边界约束

从资源总量来看，我国是资源大国，品种丰富，一些重要资源拥有量位居世界前列。但从人均资源占有量看，我国资源人均占有量低于世界平均水平。

我国耕地资源总量18.51亿亩，居世界第四位，但人均耕地面积仅1.43亩，不到世界平均水平的40%。我国森林面积居世界第五位，森林蓄积量列第七位，但我国的人均占有森林面积相当于世界人均占有量的21.3%，人均森林蓄积量只有世界人均森林蓄积量的12.5%。我国煤的储藏量为6000亿吨，居世界第三位，但人均储藏量约462吨，远远低于世界平均水平。我国水资源总量占世界水资源总量的7%，居世界第六位，但人均占有量仅有2400立方米，为世界人均占有量的25%，居世界第119位，是全球13个贫水国之一。随着经济的发展、工业化进程的不断加快，资源约束矛盾将会越发突出。目前，我国耕地规模已经接近18亿亩红线，人均耕地不足1.5亩；我国矿产资源供求矛盾日趋紧张，目前我国石油、铁、铀、锰、铝土、铅、镍、锡、锑、金10种矿产品已出现短缺，可供能力下降，铬、铜、锌、金刚石、钴、铂族金属、锶、钾、硼9种矿产品出现严重短缺；另外，资源性缺水问题也日益严重。

2. 生态环境边界约束

从环境方面看，我国生产快速扩张与环境保护的矛盾日益突出。大气污染、水污染、工业固体废物的产生和排放等，对环境造成极大的压力。例如，化学需氧量排放量从1985年开始突破承载范围，近年来，年排放量已经超过环境承受能力的30%，而二氧化硫排放量也超出承载范围40%以上。从生态方面看，根据经济合作与发展组织提出的"压力—状态—响应"框架，对我国生态安全状况进行衡量，发现我国生态安全的状态与压力指数分别为0.110和0.141，与世界平均水平的差异系数为0.385和0.539。无论是生态安全状态还是生态压力水平都与低收入国家的水平同列。另外，我国土地荒漠化和水土流失现象也非常严重。生态环境的边界约束，使我国可持续发展面临现实威胁，成为制约我国经济发展的瓶颈。

3. 成本边界约束

经过几十年的发展，我国低成本优势不断减弱，已经逐渐进入高成本时代。首先，伴随着二元结构转变与劳动力转移的推进，劳动力价格逐步提升。近年来，以企业加薪和政府上调最低工资标准为标志，劳动力成本上升的信号不断闪现。例如，2007年，沿海地区为解决"民工荒"问题，劳动力工资上浮了20%左右。2010年年初，部分地区出现新一轮"用工荒"问题，沿海一些省份的企业再次将劳动力工资上浮10%左右。其次，随着能源价格逐步市场化以及能源价格与国际市场接轨，受国际能源价格不断上涨的影响，我国的能源成本不断上升。最后，土地成本方面，2000—2010年我国各类用地价格指数持续上升，例如，10年间居民用地价格水平总体翻了一番，工业用地价格上升近50%。另外，伴随生态文明建设的推进，环境保护和生态建设成本也开始提升。

四、科技创新的机会制约

传统的粗放型经济发展方式主要以原材料和资源密集型的初级产品生产为主导，是一种高消耗高污染低产出的发展模式。由于科技创新活动本身具有高投入高风险的特点，所以企业的进入门槛就比较高。另外，知识产权保护制度的不完善大大降低了创新的积极性，中介服务体系的不完善也严重阻碍了科技成果的推广和应用，所以传统发展方式的种种弊端严重阻碍了创新系统的发展。我国创新系统的作用得不到有力的发挥，表现在我国的企业和产业发展都严重缺乏竞争优势。

首先，企业的产品层次较低，核心竞争力不强。大部分企业由于技术水平较低，缺少自主知识产权，对外依存度比较高。在一些关键的核心技术方面，我国的对外依存度高达50%以上，相比之下，美国、日本等均在5%左右，我国高科技含量的关键装备许多都依赖于进口。我国企业主要依靠高投入、高消耗、高污染、低产出、低效益、低劳动力成本的生产方式，与国外同类企业相比核心竞争力存在较大差距。虽然对于企业来说，进行技术创新不一定会形成核心竞争力，但是，不进行技术创新就一定不会形成竞争能力。技术创新是培育企业核心竞争力的关键，尤其是针对核心技术的创新。缺乏独占性技术和技术创新能力的企业，有可能在市场上做大，但在产业分工中却很难处于有利地位，也很难做强，更不可能获得持久的竞争优势。所以，企业创新能力低，必将导致核心竞争能力不强，而核心竞争力不强，又会制约技术创新水平的提高。

其次，产业链条不够完善，附加值较低。从三次产业的构成来看，传统型经济中第二产业占据绝对主导地位，第一产业升级缓慢、第三产业发展严重不足且结构不尽合理，并且第二产业的主导地位是由大量输出原料型产品拉动的，高精深加工产品输出比较少，技术结构水平较低、新兴工业发展缓慢。同时，传统的经济发展不注重资源关联产业的构建，产业链条短，产业集中度低，企业规模小而分散，规模经济效益差，专业化协作程度低，盲目追求自成体系，严重影响了产业的可持续发展，降低了社会资源配置效率。另外，从国际分工看，由于我国企业在核心技术和关键部件方面高度依赖国外市场，因而在产品品质、创新等差异化竞争中无法取得优势，只能依靠劳动力的低成本和资源的高投入、高消耗等方式维持经营，产业层次和附加值较低，始终处于世界产业链条的低端。

通过对传统发展方式的深刻反思，我们认识到转变经济发展方式是我国保持经济健康、快速、可持续发展的重要条件。

第四节 区域经济协调发展

我国是典型的新兴大国，研究我国区域经济协调发展对于探讨新兴大国的区域经济发展格局问题具有重要的理论和现实参考意义。

一、我国区域经济协调发展的必要性：区域经济快速发展及挑战

改革开放以来，我国各区域经济都实现了快速发展。1978年我国国内生产总值（GDP）为3650.2亿元，至2014年我国GDP为635 910亿元，37年来经济总量增幅达到了17 321%。步入21世纪之后，我国GDP走势呈现出了"迅猛"增长的态势。

我国城镇居民家庭人均可支配收入也由1978年的343.3元上升到了2014年的28 843.85元，增长幅度达到了8 301.94%。农村居民家庭人均纯收入也由1978年的133.6元上升到了2014年的10 488.88元，增长幅度达到了7 750.96%。当然，城镇居民和农村居民可支配收入在增长方面的差异也体现了我国经济发展过程中所存在的区域多元结构问题。我国城镇居民恩格尔系数由1978年的57.5下降至2013年的35，农村居民的恩格尔系数由1978年的67.7下降至2013年的37.7。城镇居民和农村居民恩格尔系数的下降，反映出我国城乡居民收入水平和收入层次的不断提升。值得注意的是，城镇居民和农村居民恩格尔系数的显著差异也体现出城乡发展仍存在差距。

与此同时，我国经济发展中的"三驾马车"也在这段时间内"飞速前行"，消费品零售总额由1978年的1 558.6亿元增加到2014年的271 896.1亿元，增幅达到了17 351.6%；全社会固定资产投资额由1980年的910.9亿元上升到2014年的512 020.65亿元，增幅达到了56 110.4%；进出口总额由1978年的355亿元上升到2014年的264 241.77亿元，增幅达到了74 334.3%。

由前述分析可知，步入21世纪后我国经济迅速发展，那么各区域的经济发展形势又是怎样的呢？为此笔者观察了2000—2014年我国各代表性省（直辖市、自治区）的经济总量的走势。东部地区选取北京市、广东省和辽宁省

为代表；中部地区选取山西省、吉林省和湖南省为代表；西部地区选取陕西省、重庆市和新疆维吾尔自治区为代表。通过数据的分析发现，2000—2014年北京市、山西省、辽宁省、吉林省、湖南省、广东省、重庆市、陕西省、新疆维吾尔自治区的经济增长幅度分别达到了760.54%、676.34%、513.11%、657.92%、632.35%、601.80%、797.39%、965.07%、579.69%，我国区域经济的快速发展态势显而易见。

二、我国推进区域经济协调发展的必要性：区域经济差距扩大的挑战

在经济发展取得重大突破的同时，我国区域发展不平衡、不协调问题也日益凸显。就总量而言，我国先发展的地区与后发展的地区之间的经济差距在不断扩大。1985年，在我国国内生产总值的区域构成当中，东部地区占全国的比重为41%，而中西部地区这一比重为59%。到2014年，东部地区国内生产总值占全国的比重达到了55%，而中西部地区这一比重仅为45%。虽然，2016年以后东部地区的经济占比有一定程度的下降，但东部地区经济占比依然显著高于中西部地区各自经济占比。

另外，通过数据分析还发现：区域间经济差距呈现出了明显的经济区域特性。其一，三大区域内部之间的经济差距相对较小，不同经济区域之间经济差距相对较大，如重庆市与同是西部地区的陕西省和新疆维吾尔自治区的经济差距值分别是4.647 2和4.537 7，而与非西部地区的经济差距平均值仅为4.350 3。相同区域在经济政策、市场特征和结构等方面存在近似性，故而它们之间的差距相对较小，而不同区域制定的经济政策是不一样的，它们之间的经济特征和区位临近性都不同，所以它们之间的经济差距相对较大。其二，东部地区和中西部地区的经济差距大于中部地区和西部地区之间的经济差距。东部地区和中西部地区的经济差距均值为4.093 0，而中部地区和西部地区之间的经济差距均值为4.547 3。改革开放以来，我国实行非均衡的经济发展战略，东部地区经济发展速度和市场机制的完善程度都远远高于中西部地区，故东部地区的经济发展水平也显著高于其他地区。而中部地区虽然享受中部崛起的经济政策支持，但其区位优势相对于西部地区而言并不是十分显著，故它们之间的经济差距并不是十分明显。

在经济结构方面，先发展的地区和后发展的地区之间的差距也在逐步扩大。1994年我国东部地区产业结构高级化程度为34.18%，中西部地区产业结

构高级化程度为31.55%。到2014年，东部地区产业结构高级化程度达到了48.3%，而中西部地区的产业结构高级化程度仅为40.3%。特别是面对经济新常态的挑战，我国区域间的经济不协调趋势可能会进一步加剧。如何着力推进区域经济的协调发展成为我们所面临的一个亟待解决的问题，其也是一个非常有必要解决的理论和现实问题。

三、我国区域经济协调发展的国内外研究现状

改革开放以来，我国经济面临着"区域间经济差异不断拉大、区域发展失衡"等现实问题。围绕这一问题，学术界提出了区域经济协调发展这一概念，并做出了大量的研究和探索。而本书试图从政府竞争机制和市场竞争机制两个视角入手展开对我国区域经济协调发展的研究。为了更好地厘清研究思路，本书对已有相关研究进行了梳理，从区域经济协调发展的内涵、评价测度研究及国内外相关理论、市场机制下的区域经济协调发展研究、政府机制下的区域经济协调发展研究等方面进行综述。

（一）区域经济协调发展的内涵及测度

国内学术界对于区域协调发展这一概念的提出，始于20世纪90年代。之后，"九五计划"明确提出要促进区域经济协调发展，要求"按照统筹规划、因地制宜、发挥优势、分工合作、协调发展的原则，正确处理全国经济总体发展与地区经济发展的关系，正确处理发展区域经济与发挥各省（直辖市、自治区）积极性的关系。"此后，区域经济协调发展成了学术界研究的一个热点。

1. 区域经济协调发展的内涵

国内从区域视角对经济协调发展进行内涵界定的学者较多。彭荣胜将区域协调发展定义为三个方面：一是区域市场之间的开放性较强，经济联系不断深化和密切，区域比较优势得到充分发挥；二是在确保全国经济增长的情况下将区域间的经济发展差距控制在合理的范围之内；三是在经济增长促进路径上区域之间的互动是良性的。这一内涵界定与覃成林等的结论基本是一致的，覃成林认为区域经济协调发展指在区域开放条件下，区域之间经济联系日益密切、经济相互依赖日益加深、经济发展上关联互动和正向促进，各区域的经济均持续发展且区域经济差异趋于缩小。而厉以宁认为，区域经济协调发展是在已有的不均衡发展格局基础上逐步形成的相对均衡的区域经济格局，同时他认为协调发展的关键在于合理配置区域间的产业分工模式和地区利益关系，以充分发

挥出区域经济比较优势。范恒山结合我国经济发展的新形势提出了区域协调发展内涵的五个方面，即区域之间的人均GDP差距应当控制在合理的范围之内、不同地区居民享受的基本公共服务是均等化的、各区域可以充分有效地发挥其经济比较优势、区域之间的相互关系是良性互动的、人与自然之间的关系是协调的。刘俊英总结了张可云和高志刚的研究结果，认为区域经济协调发展是在保证整体经济不断增长和效率不断提升的情况下促进区域经济的均衡化发展，进而使得区域经济差距维持在适度的范围之内，最终实现区域间的经济比较优势充分发挥、区域间相互促进、共同发展的经济发展模式。另外，曾坤生提出区域经济动态协调发展这一概念，认为区域间的经济发展不平衡是无法避免的，真正的区域经济协调发展是依据其阶段性特征对区域经济发展重点进行划分，并通过政策手段和市场机制在短期内对区域内重点经济构成进行自我培育，以此提升区域经济的全面发展。

2. 区域经济协调发展测度

（1）基于指标评价的区域经济协调发展测度。区域经济协调发展是一个复杂的系统性概念，许多国内学者根据其政策含义通过指标体系设计等手段对这一概念进行了评价。基于已有研究基础和我国经济发展状态，韩兆洲从经济总量及构成、人口素质及技术创新、居民生活及社会发展、自然资源及环境四个方面设计了16个指标，并运用层次分析法确定权重，对我国各区域的经济协调发展水平进行了综合评价，这是我国对区域经济协调发展评价进行的较早的研究。蒙少东把区域协调发展指标分为区域经济差距、区域社会差距和区域资源与环境差距三个子系统，初步选取了300多个备选指标，最终按照德菲尔的方法，筛选出100项指标构成区域经济协调发展目标体系。汪波和方丽同样采用指标体系评价方法对区域经济协调发展进行测度，其指标体系构建是基于经济、社会、科教文卫、人口及资源环境五个方面进行设计的，而其评价采用的是"主成分分析的指标选择、层次分析的权重计算"的综合方法。彭荣胜则采用区域经济一体化程度（采用商品零售价格方差）、区域经济发展差距程度（采用人均GDP的基尼系数）和区域经济发展速度（采用全国GDP环比速度）三个指标来评价区域经济协调发展程度，并对1985—2003年我国东西部协调发展程度进行了实证研究。覃成林等用平均赋权法将所测度的区际经济联系、区域经济增长（区域经济增长率变异系数）、区域经济差异值（区域经济增长水平变异系数）合并成一个反映区域经济协调发展水平的综合指标。

（2）趋同理论及其他理论指导下的区域经济协调发展测度。萨克思（Sachs）和华纳（Warner）利用我国1953—1993年的数据进行趋同分析，他们认为我国改革开放后地区经济增长出现了明显的趋同，并且趋同性在沿海地区十分明显。弗莱舍（Fleisher）利用我国1952—1993年的区域数据，并利用索洛模型分析后指出，改革开放前我国各地区人均产出呈趋异状况，而改革开放后我国经济则表现为条件趋同状态，趋同速度约为5.6%。他利用标准的巴罗模型研究了我国基础设施和经济增长之间的联系。估计结果显示，地区之间不存在绝对趋同现象，但存在条件趋同状况。区域间的收入差距是反映区域间经济协调发展最为直观的指标，王云飞测度了我国三大经济地带（东部、中部、西部）之间的基尼系数，其研究结果表明，1990年以来我国地区间的收入差距在不断扩大，其中东部与中西部地区的收入差距最为显著，东部区域内部的收入差距相对于中部和西部而言较大。韩兆洲等主要利用空间自相关莫兰指数检验我国各地区经济在空间上是否存在自相关及集群现象，以此判断地区间的经济协调发展状况，并探讨了区域经济协调发展的影响因素。

（二）政府机制下的区域经济发展研究

区域间政府的竞争主要体现在政府的公共产品供给上，而公共产品的供给主要依托政府的生产性财政支出。本书对公共产品供给的划分主要依据公共产品是具有正向效应还是具有负向效应。为了给后期研究做好理论铺垫，下面对政府机制下的区域经济发展进行了分析。

1. 国内外地方政府竞争分析

国外学者关于地方政府间竞争关系的研究主要集中于机制形成的视角。布雷顿（Breton）的"竞争性政府"理论认为在联邦制国家中政府间关系总体上来看是竞争性的，这是他所谓的竞争性政府的原义。沙南（Chanan）提出的"竞争性联邦主义"则认为政府竞争是国内不同地区和层级政府之间的竞争。蒂伯特（Tiebout）在《地方支出的纯粹理论》中提出了"以足投票"理论，即居民可以在多个政府管辖的区域内进行选择，而其选择的依据是居民享受的政府服务与其所缴纳的税收之间的组合满足居民要求的最大化原则。

国内学者相关研究主要着眼于探讨政府竞争形成的原因和经济效应。林尚立认为国内政府间关系"主要指国内各级政府间和各地区政府间的关系，它包含纵向的中央政府与地方政府间的关系、地方各级政府间的关系和横向的各地区政府间的关系"。横向政府间的关系"可以被看作由地位对等的地方政府形成的分散体系，而且这些地方政府被竞争与协商的动力所驱动"。谢晓波探讨了经济转型过程中地方政府竞争对区域经济协调发展影响的正向和负向双重效应。其正向效应主要表现为政府竞争对区域经济转型的推动作用，而其负向效应主要表现为政府竞争所引致的"政府边界替代经济边界"的市场分割现象。萧鸣政和宫经理认为地方政府竞争主要表现为制度、政绩和资源的竞争，政府竞争形成的原因包括行政性分权、制度改革、政绩考核、资源退出机制等，而制度的不完善是造成地方政府竞争失灵的主要原因。张辽和宋尚恒认为政府竞争可以通过影响区域间的要素流动和产业转移进而改变已有的区域经济空间格局，而其对政府竞争的界定是从地方税收负担、政府公共品供给、制度环境优化等三方面进行的。

学者普遍认为，以财政支出为主要内容的公共物品供给可以吸纳生产要素的流入，进而促进区域经济的增长。

2. 政府公共支出与区域经济

在政府公共支出与区域经济发展的相关研究方面，国外学者的研究起步较早。巴罗（Barro）研究发现公共支出作为影响经济增长的一个内生变量，可以通过改善单个要素生产率而促进经济增长，只要它的规模保持在一个合适的范围内，公共支出就有利于经济的长期增长。斯瓦鲁普（Swaroop）和邹恒甫将地方政府的财政支出划分为资本性支出和经常性支出两类，其中经常性财政支出对区域经济增长产生积极影响，而资本性财政支出对区域经济增长产生消极影响，且过度的经常性财政支出也对区域经济增长产生不利影响。格里尔（Grier）和索厄尔（Sowell）、朗多（Landau）等，都对不同性质的财政支出进行了划分，其中最有影响的是把财政支出分为生产性财政支出和消费性财政支出，同时他们认为在不同区域不同性质的财政支出对区域经济的影响是有差异的。

国内学者结合前人的研究也进行了相应的拓展。刘溶沧和马拴友认为政府赤字和债务对区域经济产生了正负双向效应，若政府赤字和债务用于经常性支出，其对区域经济增长产生负向影响；若政府赤字和债务用于生产性支出，其对区域经济增长产生正向影响。龚六堂和邹恒甫认为经常性财政支出对区域经济增长的影响是正向的，而经常性财政支出与资本性财政支出的波动性对区域经济增长的影响是负向的。庄子银和邹薇认为政府预算外支出的增加使得财政使用成本不断提升，进而使得支出对区域经济产生负向影响。另外，娄洪、靳春平、郭庆旺等都从财政分类视角讨论了政府财政支出对区域经济增长的影响。

3. 制度供给与区域经济

制度供给是政府竞争的重要手段，因此有必要合理分析制度供给与区域经济的关系，为后续研究提供理论基础。斯科特（Scott）指出区域政策应当由不同层次政府间密切协商实施，如中央政府的责任包括提供公共产品，通过财政政策和货币政策等维持宏观经济稳定和各区域经济协调发展，与此相对应，区域和地方政府也具有其他的责任，三者之间在地域空间和功能空间都保持着密切联系。艾伦（Allen）等通过对欧洲共同体国家的研究发现，国土面积较小的国家倾向于使用具有选择性的区域政策来影响区域差距，而国土面积较大的国家通常使用自动与选择性帮助相结合的方法，并且通常是自动的激励基础加上选择性的激励来影响区域差距。有学者通过分析我国地区发展战略模式及其演变认为，我国实施的不均衡发展政策加大了东西部的区域经济发展差异。盖伊也认为地方政府政策对区域经济差距产生重要的影响，而充分把握区域经济差距形成的原因、设计合理的政府政策导向，是保证区域政策有效实施的重要条件。合理的政府政策激励机制可以有效地实现区域政策效果合理化，进而推动区域经济差距的逐步缩小。有学者将我国地区经济差距扩大的原因归结为中央政府的地区倾斜政策和地理因素，中西部地区经济发展落后的原因在于中央政府对东部地区的倾斜投资，同时中西部地区不利的地理条件也限制了其发展。还有学者认为地方政府的地方保护主义行为是造成区域间经济差距扩大的重要因素，因为地区政府的市场保护会使本地企业的资源配置偏离本地的比较优势，从而导致该地区经济发展缺乏有效性。姚树洁认为，我国改革开放以来的地区不均衡的发展政策是导致地区经济发展不均衡的重要原因。塞尔维（Sylvie）等认为，地理优势和优惠政策对我国沿海地区经济的增长都有影响，但是地理因素的影响比政策影响更为持久，户籍制度、贸易保护和银行贷款政策也会加大区域经济发展的差距。阿西莫格鲁（Acemoglu）在论述导致收入差距的基本原因时指出，有三个基本原因导致了收入出现差距，即经济制度、地理因素和文化因素，其中经济制度是人类自身决定用来组织社会的方式，这种方式决定了社会能否繁荣，而这里所说的经济制度主要指产权制度、市场制度等。

国内学者普遍认为政策和制度是影响区域间经济差距的重要因素。张五常在其《中国的经济制度》一书中认为，我国县与县之间的政府竞争形式是推动我国区域经济增长的重要因素。胡乃武则认为为了保护本地市场，地方保护性政策得以产生并不断被自我增强，最终导致区域经济分割，从而拉大了地区之间的差距。刘乃全和贾彦利探讨了我国改革开放以来区域政策的重心演变过程及其对区域差距的整体效应,并指出我国区域政策重心演变对区域差距的影响存在着路径依赖特征。张红梅认为合理的制度设计和供给是缩小区域间经济差距的关键,制度的规范化和合理演变可以有效推动区域间的经济协调发展。程名望等认为正式制度安排(制度与政策等)和非正式制度安排(社会资本等)扩大了农户之间的收入差距。

4. 基础设施建设与区域经济

基础设施建设对于区域经济的发展具有重要的促进作用。有学者提出了"投入-产出"模型,用以分析公路建设投资对社会经济的间接影响。还有学者提出了一步法,即首先分析部分地区的交通投资,然后依据地区收支模型进行合理扩样,用以分析交通投资对整个地区经济的影响。吴建楠等认为基础设施与区域经济的协调性存在显著的区域特性,由东部地区至西部地区二者之间的协调性逐步递减。刘勇的研究表明,2001年之前交通基础设施投资对区域经济增长的影响是正向的,2001年之后其影响是负向的,且这种时间特征还受到区域差异的影响。刘生龙和胡鞍钢运用加入了交通变量的引力方程分析了交通基础设施对区域经济一体化的影响,而研究结果显示这一影响是正向的。张学良通过空间溢出理论模型和空间计量手段分析了交通基础设施对区域经济增长的影响,研究结果显示交通基础设施对区域经济增长具有积极的推动作用,而该影响的空间外溢性十分显著。叶昌友和王遐见研究发现,铁路和公路建设对区域经济增长具有显著的正向影响,不同层次公路的建设对区域经济增长的影响是有差异的。

(三)市场机制下的区域经济发展研究

1. 地理区位优势与区域经济

美国经济学家赫希曼(Hirschman)提出了"极化-涓滴"效应理论,在地理空间的"极"内,解释了先发展区域与后发展区域间的经济相互作用及影响,阐述了经济不平衡增长及其在区域间的传递机制。有学者在地理空间的分析中引入"增长极"这一概念,并认为空间经济的分析范式可以简述为各经济变量在空间地理格局上的布局,经济增长的极化和扩散效应与空间地理距离之间呈现出负向相关性,而其具体表现即是区域经济增长的溢出效应。还有学者认为中央政府在区域政策上的倾斜和空间地理因素是造成我国区域间经济差距扩大的重要因素。有学者研究了1978—1998年地理要素对我国改革开放以来的区域发展的影响后认为,沿海地区由于具备了空间地形优势和政策优惠,故其资本回报率高于中西部地区，进而吸引了大量的外商直接投资，沿海地区形成了经济快速增长的区域优势。陈培阳和朱喜钢通过对福建省样本的分析发现，区位因素对区域经济差异具有显著影响，沿海地区呈现出高水平的经济发展集聚，而区位条件不具备优势的外围地区经济发展相对较弱。陈耀和陈钰认为区位因素对区域经济发展具有重要的影响，区位条件较好的沿海地区人力资本的积极效应更显著，外资引进和市场环境优化的边际效应相对较小。

2. 资本、劳动力、技术与区域经济

要素流动能够增强区域之间的经济交流，形成经济发展上的关联互动，从而有利于推进区域经济协调发展。故我们有必要分析生产要素与区域经济之间的关系。有学者通过理论模型和实证检验分析了我国区域经济发展差距不断扩大的主要原因，包括物质资本的可流动性、人力资本的提升、对外直接投资及区位条件的差异等。有学者认为，我国沿海地区的自身地理优势、低运输成本以及外资和劳动力的流入是其保持经济发展优势的重要原因。有学者强调在中西部地区改善公众健康、提高科技水平对于平衡发展具有重要作用，他们认为一种有效的西部发展战略必须包括物质资本、人力资本和制度资本的形成。有学者指出应通过废除户口制度、降低地方保护力度和城乡社保差距，来打破劳动力市场发展中的障碍，以此缩小城乡差距。有学者认为劳动力的流动对于减小城乡收入差距是至关重要的。考虑我国的地区差距主要来自城乡之间的差距，还有学者认为加快城市化是解决地区差距的最有效的办法。蔡昉和都阳则认为，我国区域经济增长存在着趋同的经济现象，中西部地区在不断地向东部地区趋同，这一过程存在着诸多不利因素，如人力资本水平低、开放程度亟待提高等。这些不利因素使得西部地区难以实现和东部地区的趋同，因此应创造条件使地区经济增长形成趋同的趋势，投资的重点应该选择那些能改进西部地区增长条件的领域。沈坤荣等认为外商直接投资在区域间的不平衡分布加剧了地区间经济的不平衡发展。魏后凯提出从资本形成的角度看，外商投资对东部发达地区GDP增长具有十分重要的作用，而对西部落后地区的影响缺乏显著性，通过对1985—1999年外商直接投资的数据进行分析后得出结论：东部发达地区与西部欠发达地区之间的GDP增长率的差异大约有90%是由外商投资引起的。陈良文和杨开忠通过对集聚经济模型的数值模拟发现，在考虑集聚经济的情况下，区域间的要素流动会促使区域间的经济发展差距不断扩大。韩彪和张兆民认为劳动力、资本等生产要素在区域间的流动优化了生产要素在区域间的配置效率，提升了技术的外溢性，进而有利于促进区域经济的增长。

3. 产业结构及产业集聚与区域经济

产业结构是市场机制的重要体现之一。许多学者认为，改革开放以来我国的制造业逐步向东部沿海地区集聚是地区间收入差距扩大的主要原因。有学者建立了经济增长和经济活动的空间集聚的自我强化模型，证明了区域经济活动的空间集聚带来了创新成本的降低，从而刺激了经济增长。还有学者探讨了产业的区域集聚对经济绩效、规模和区域的经济增长的重要作用。麦斯纳（Messina）等研究了产业集群对提高中小企业发展和区域经济增长的促进作用。Scott认为东亚和我国的产业集群都是利用产业集群策略来吸引国际直接投资，促进经济增长的。朱英明通过计量回归分析发现大中型外商投资企业部门集群对区域GDP和人均收入增长有正向的影响。罗勇和曹丽莉通过对电子及通信设备制造业数据的拟合发现，产业内地理集聚指数和工业总产值之间是高度正相关的。储著贞和罗军对珠三角产业集群进行研究，在此基础上提出关于产业集群与区域经济发展的建议。

第二章　经济区域的划分

第一节　区域的概念和特征

一、区域的概念

区域这一概念最早为地理学所使用，且一直是地理学研究的中心概念。21世纪以来，区域问题研究从地理学逐渐渗透到社会学、行政学、政治学和经济学等诸多领域，不同的学者对区域的概念赋予不同的含义。从地理学角度看，区域是地球表壳的地域单元，并具有可重叠性和不遗漏性。从行政学角度看，区域是国家管理的行政单元，并具有可量性和层次性。从社会学角度看，区域是具有共同语言、共同信仰和民族特征的人类社会聚落。

大部分学者认为，区域是按一定标准划分的连续有限空间范围，是具有自然、经济或社会特征的某一个方面或几个方面的同质性的地域单元。对人类社会的活动空间按不同标准划分便产生出不同的区域，如按地球表面地理特征划分的是自然地理区域，按国家机构行政权力覆盖面划分的是行政区域，按经济活动的空间分布规律划分的是经济区域等。

二、区域的特征

不论以哪种形式划分的区域，一般都具有以下两大共同特征。一是区域内某种事物的空间连续性。如自然地理区域在地表上的点、线、面的连续性；行政区域在行政力延伸上的连续性；经济区域在经济联系上的连续性等。二是区域内某种标志具有同类性或联系性，区域之间该种标志具有差异性。如自然地理区域有平原、丘陵、山区之分；行政区域有中央辖区，省级、市级、县级辖区之分；经济区域有东部、中部、西部之分。

三、区域、地区与地带的异同点

如前所述，区域是按一定标准划分的连续有限空间范围，是具有自然、经济或社会特征的某一个方面或几个方面的同质性的地域单元。地区是一个社会的地理单元，其形成是经济、社会、文化各种机制长期运行的结果。地区有大有小，主要以国家为范围，向外属于国际层次的地区，向内属于省区层次的地区。地带是按一定地势特征将地壳表面从边缘区进行分割的经、纬度带。

区域、地区与地带三者的共同点：三者均是对地域单元分割的空间范围。区域、地区与地带三者的相异点：区域是按自然、经济或社会特征划分的单元，其界限较为模糊，功能的发挥主要通过经济发展的客观联系。地区主要是按社会、行政特征划分的单元，地区兼有行政的含义，其界限较为分明，功能的发挥主要通过行政手段、行政联系或人为联系。地带主要是按地势特征划分的单元，不同地带具有明显的地势特征，但其界限较为模糊，功能的发挥主要通过地理上的联系。

第二节 经济区域的概念和特征

一、经济区域的概念

经济区域就是区域经济中所研究的区域，指由人们的经济活动所形成的、围绕经济活动中心而客观存在的、具有特定地区构成要素并且不可无限分割的经济社会综合体。经济区域是在社会化大生产物质技术要素的劳动地域分工的基础上发展起来的，体现着发达的内部生产关系，是生产力发展到一定阶段的历史产物，是商品经济发展的必然结果。

经济区域的形成在全国经济中担负着某种专业化职能，体现经济结构关系或生产地域分工协作关系，是具有地方化特点的地域经济综合体。

二、经济区域的特征

经济区域与地理学、行政学中的区域含义有许多明显的区别。经济区域概念的基本特征有如下几点。

（1）经济区域是人们经济活动的产物。从经济学角度看，经济区域必须以人类的经济活动为基本内容，经济区域的形成经历了一个漫长的、复杂的社会再生产运动,是生产、分配、流通和消费统一运动的产物。

（2）经济区域不能无限分割。经济区域是经过人类漫长的经济活动自然形成的,它具有相对稳定的构成要素和空间范围,不能人为地无限分割。

（3）经济区域范围具有可变性。人类的经济活动有着巨大的开拓性,随着生产力的发展、科学技术的进步和生产手段的改善,人类在地表空间的经济活动布局将不断优化组合,由此,必然引起经济区域范围的变更。

（4）经济区域边界具有模糊性、开放性。行政区域有着明确的、具体的界限,经济区域相对于行政区域而言则界限模糊,具有明显的开放性。

第三节　经济区域的划分方法

经济区域的划分是一个十分复杂的系统工程。从社会实践看,现存经济区域是人们经过数千年的经济活动逐渐形成的。它们的形成,符合统计分组法则,即各经济区域内部某些主要标志具有相似性,而各经济区域之间的某些主要标志则具有较大的差异性。从统计测度理论上看,经济区域的划分方法有两种:一是传统描述统计的统计分组法;二是现代统计分析的聚类分析法。

一、统计分组法

（一）统计分组法的概念

在经济区域划分中所使用的统计分组法,是根据区域经济现象的特征和研究目的,按照某一个（或多个）标志将总体分成若干部分的科学分类方法。经济区域的划分中,统计分组法是一种十分有效的划分方法。人们对经济区域有意或无意的划分中,都自觉或不自觉地遵循了统计分组法的法则。从哲学的角度来看,世界上万事万物都是相互联系的,不同的事物之间都会在一定的环境中以一定的条件相互联系,这种关联是构成各种各样的统计总体的前提。但不同的事物在产生的原因、存在的条件、表现的形式、运动的规律、发展的前景等方面,又是千差万别的。正是这些联系与区别,才使统计分组法有了客观依据。从某种意义上说,没有科学的统计分组,便没有科学的统计,也就没有经济区域的科学划分。

（二）经济区域的统计分组原则

经济区域的统计分组涉及区域经济发展中的一系列问题,如需要和可能、专业化和综合发展、总体和局部、经济区和行政区、国内和国际之间的关系问题。这些矛盾不是孤立的,而是相互联系、交错依存的。因此,在分组时必须遵循经济区域发展的客观规律,按一定划分原则进行分组。

1. 国民经济发展需要和区域条件相结合原则

国民经济是一个统一的有机整体,经济区域的统计分组不仅必要而且有可能在全国统一规划指导下,根据各区域经济的特征进行合理的劳动地域分工。经济区域的统计分组必须从国家整体利益出发,根据国家经济建设与发展的客观需要,保证国家产业结构和生产力配置的合理性以及全国经济与市场的统一性,同时还要考虑各个地区自然、历史、社会经济条件和发展水平的差异,根据各地区的综合优势来划分。

2. 专业化分工与综合发展相结合原则

专业化分工与综合发展相结合是经济区域统计分组的重要原则。为促进各地区分工协作地发展,应充分发挥各地区的经济优势,形成各具特色的地区专业化生产部门,提高地区在国内外市场上的竞争能力和在全国经济区域分工中的地位。对于综合经济区域来讲,它首先是一个专业化经济区域,要承担大区域地域分工赋予的任务,同时也应综合发展以保证地方经济的顺利发展。因此,综合经济区域应该拥有三种经济部门,即专业化部门、为专业化服务的服务部门、地方自给性部门。只有保持这三种部门的恰当比例,区域经济才能协调发展。

3. 中心城市和交通要道、吸引范围相结合原则

在对经济区域进行统计分组时,要考虑中心城市的经济实力和交通要道、吸引范围等因素。两个同等级中心城市腹地之间的分界线可以根据不同的指标,用不同的方法计算。美国学者赖利经过大量调查研究,认为影响两个城市之间贸易流量与流向的因素有两种:一是城市的规模,城市的规模越大,对周围的吸引力就越大;二是各地点距离城市的交通远近,城市的吸引力会随着距离的增大而递减。

4. 经济区域与行政区域相协调原则

(1) 经济区域的运作受制于行政区域。区域经济协作是以市场运作为基础,通过各级行政区域的地方政府的有效组织与指导来实现的。近年来,世界各国尤其是西方发达国家的各级政府对地区经济的干预越来越强,在现实社会中,完全脱离行政区域的经济区域难以发挥其应有作用。特别是在我国,基本

统计资料都是按行政区域汇编的，如果经济区域与行政区域界限不一致，就会给研究工作增添许多麻烦，在研究和规划经济区域时，难以利用现有的统计资料，有些重要数据甚至根本无法得到。具体来讲，行政区域从以下几方面对经济区域的发展产生影响：一是在行政区域边界设立的关卡对经济区域外部联系的阻隔作用和对内部联系的促进作用；二是以行政区域政府所在地为中心的道路系统对辖区的联系作用；三是以行政区域所在地为中心的财富聚敛作用；四是行政区域独特的经济政策、税收比率、预算使用方向等均对经济区域产生巨大影响。

（2）经济区域的运作对行政区域具有反作用。行政区域划分是从便于行政管理的目的出发，经过漫长的历史演变过程逐步调整而形成的。在行政区域形成过程中，常以自然地势、人口数量、物产资源、交通运输条件以及某些政治因素等为依据，受经济区域的影响。在我国，国家政权直接领导经济发展，控制经济命脉，行政区域本身就是地区经济统一的有利因素，各级政府机关是各级行政区域经济的组织者和领导者，它们规划地区经济的发展并领导完成预定的任务。在市场经济中，行政区域具有长期稳定性，而经济区域的发展却十分活跃，一旦经济区域的发展越出了行政区域界线，使行政区域成为经济区域发展的桎梏时，行政区域领导者就需及时调整相应的行政区界，以适应经济区域的协调发展。

5. 国内劳动地域分工与国际分工相结合原则

当今世界科学技术日新月异，国际分工空前发展，经济贸易全球化势不可当，特别是随着我国加入WTO，我国经济体制与国际贸易惯例接轨，国内市场进一步开放，国内外联系加强、竞争加剧。我国应抓住机遇，积极参与国际分工协作，努力改善我国经济的外部环境，通过对外贸易和国际经济合作来增强自身的经济实力。

二、聚类分析法

聚类分析法是研究"物以类聚"的一种现代统计分析方法，近十年来发展很快，从数值分类学中独立出来成为专门的分支，并且在社会学、经济学、管理学、地质勘探学、天气预报、生物分类、考古学、医学、心理学以及制定国家标准和区域标准等许多方面都取得了很有成效的应用，因而成为目前国外较为流行的多元统计分析方法之一。

在实际问题中经常要将一些东西进行分类，例如，在区域经济研究中，为了研究不同区域经济差距状况，往往需要划分不同区域类型；在人口研究中，需要构造人口生育分类模型、人口死亡分类函数来研究人口生育和死亡规律；在地质勘探中，通过矿石标本的物探、化探指标将标本进行分类等。

聚类分析法根据分类对象不同分为 Q 型聚类分析和 R 型聚类分析。Q 型聚类分析指对样品进行聚类分析，R 型聚类分析指对变量进行聚类分析。在经济区域的划分中主要使用 Q 型聚类分析法。

聚类分析的基本原则是将有较大相似性的个体归为同一类，而将差异较大的个体归入不同的类。为了将样品聚类，就需要研究样品之间的关系，一种方法是用相似系数，性质越接近的样品的相似系数越接近于 1（或 -1），性质差异越大的样品的相似系数越接近于 0。比较相似的样品归为一类，不怎么相似的样品属于不同的类。另一种方法是将每一个样品看作 m 维空间的一个点，并在空间定义距离，距离较近的点归为一类，距离较远的点应属于不同的类。下面以样品聚类为例介绍相似系数和距离。

确定了相似系数和距离后就要进行分类。分类有许多种方法，最常用的一类方法是在样品距离的基础上定义类与类之间的距离，首先将 n 个样品分成一类，每个样品自成一类，然后每次将具有最小距离的两类合并，合并后重新计算类与类之间的距离。这个过程一直持续到所有的样品归为一类为止，同时还要把这个过程制作成一张聚类图，由聚类图可方便地进行分类。因为聚类图很像一张行政机构图，所以这一种方法就称为系统聚类法。系统聚类法是目前在实际中使用最多的一种方法。从上面的分析可以看出，虽然我们已给出了计算样品之间的距离，但在实际计算过程中还要定义类与类之间的距离。定义类与类之间的距离也有许多方法，常用的有以下六种。

（1）最短距离法。类与类之间的距离等于两类最近样品之间的距离。

（2）最长距离法。类与类之间的距离等于两类最远样品之间的距离。

（3）中间距离法。类与类之间的距离既不采用两类之间的最近距离，也不采用最远的距离，而是采用介于最远和最近之间的距离。

（4）重心法。类与类之间的距离定义为对应这两类重心之间的距离。对样品分类来说，每一类样品的重心就是该类样品的均值。

（5）类平均法。类与类之间的距离等于各类元素两两之间的平方距离的平均。

（6）离差平方和法。基于方差分析的思想，如果类分得正确，同类样品之间的离差平方和应当较小，类与类之间的离差平方和应当较大。

第四节 我国主要经济区域的划分

我国经济区域的形成、划分和发展，主要由国家的总体经济发展战略，尤其是工业布局战略所推动。在经济区域的分组上，主要有三种分组依据，即按经济地带分组、按经济协作区域分组和按省级行政区域分组。

一、按经济地带分组

按经济地带分组指根据地理位置的特点，综合考虑自然资源的分布、现有生产力发展水平和行政区划的完整性，将全国划分为不同经济区域的分类方法。其划分目的在于研究和指导全国区域经济协调发展。我国经济地带的形成、划分和发展有一个渐变过程，其中，中华人民共和国成立以来大体可分为三个阶段。

（一）"一五"时期按地理位置分组

"一五"时期，我国根据沿海和内地经济发展不平衡的状况，为了更好地处理沿海和内地的协调关系，按地理位置将全国划分为沿海和内地两大经济地带。

（二）"三年调整和三线建设"时期，按国防战略位置分组

"大跃进"时期，我国经济蒙受了巨大损失。从1964年起，我国经济建设进入了三年调整和三线建设时期。1964年8月举行的中央书记处会议，根据毛泽东主席在会上提出的要准备帝国主义可能发动侵略战争的指示，决定新建的项目都要放在内地，沿海所有要求增加投资的部门一律要顶住。1965年中共中央做出加速全国和各省（直辖市、自治区）战略后方建设的决策，从备战的需要出发，按国防战略位置的重要性，将全国划分为一线、二线和三线地区。全国经济建设和工业布局的重点放在三线地区，提出了重点建设战略大后方的方针，使三线地区建立起完整的重化工业体系和国防工业体系。当时，立足于战争需要，建立了稳定的防御体系，有效地遏制了国际敌对势力的侵略阴谋，也促进了国民经济布局的合理均衡发展。

（三）"七五"时期，按梯度推进理论分组

在三线建设时期，全国经济建设的重点从沿海地区转向三线地区，使三线地区形成了以国防科技工业为重点，交通、煤炭、电力、钢铁、有色金属工业为基础，机械、电子、化工为先导，门类较齐全的工业体系。三线地区在一穷

二白的基础上有了长足的发展。全国的经济分布逐渐形成了东部沿海、中部和西部梯度差异十分明显的三大经济地带。1986年，第六届全国人民代表大会第四次会议通过的《中华人民共和国国民经济和社会发展第七个五年计划》中指出："我国地区经济的发展，要正确处理东部沿海、中部、西部三个经济地带的关系。'七五'期间，要加速东部沿海地带的发展，同时把能源、原材料建设的重点放到中部，并积极做好进一步开发西部地带的准备。把东部沿海的发展同中、西部的开发很好地结合起来，做到互相支持、互相促进。"该计划首次提出了我国经济区域东、中、西三大经济地带的划分，并突出了东部地带的加速发展。

三大经济地带是我国最高层次的经济类型区，各区域内具有自然条件、社会历史条件、经济发展水平及发展趋势大体相似的特点。东部地带是经济发达区域，中部地带是经济正在成长的区域，西部地带则是经济不发达区域，全国的经济技术水平呈现出由东向西依次递减的区域经济分布态势。

处理好东、中、西三大经济地带的关系，一直是党和政府工作的重点。2000年2月，江泽民同志在广东考察工作时谈道："加快中西部地区发展，是党中央为推进我国跨世纪发展做出的重大决策。东部地区应积极为西部地区的发展提供资金、技术、人才、信息、管理等方面的支持，并通过产业转移和协作，促进西部地区的发展。西部大开发战略，也必然会给东部地区带来更多的发展机遇，东部地区可以更充分地利用西部地区的资源和市场来促进自己的发展。"东、中、西经济地带的概念于1986年正式提出，当时，对其范围、界限并没有做明确的划定。因此，关于东、中、西经济地带的划分曾引起争议，但是，大部分专家认为以下的划分较为科学。

（1）东部地带。包括辽宁、北京、天津、河北、山东、江苏、上海、浙江、福建、广东、广西、海南（1988年4月建省）等沿海12个省（直辖市、自治区）。东部地带社会经济、科技教育、人口素质、经营管理、投资环境和经济效益均居三大地带之冠。东部地带地面交通便捷，空中航线发达，沿海良港众多，是我国经济实力最雄厚、商品经济最发达的区域。据统计，1998年，东部地带的占地面积为130.64万平方千米，占全国的13.7%；人口5.07亿，占全国的41.13%；人口密度达388人/平方千米；GDP为48 115亿元，占全国的58.12%；人均GDP为9597元。

（2）中部地带。包括黑龙江、吉林、内蒙古、山西、河南、安徽、江西、湖北、湖南9个省（自治区）。中部地带位于我国的腹地，社会经济、科技教育、人口素质、经营管理、投资环境和经济效益略低于东部地带。中部地带拥有丰富的自然资源，是全国煤炭、水电、原材料工业和农业建设的重点区域，在全国生产力"东靠西移"中处于"承东启西"的重要战略地位。据统计，1998年，中部地带的占地面积为281.41万平方千米，占全国的29.9%；人口4.40亿，占全国的35.69%；人口密度达156人/平方千米；GDP为23 114亿元，占全国的27.92%；人均GDP为5279元。

（3）西部地带。包括四川、重庆（1997年设为直辖市）、云南、贵州、西藏、陕西、甘肃、宁夏、青海、新疆10个省（直辖市、自治区）。西部地域广阔，人口与经济的区域分布极不平衡，大体以东经100°为界，以东为近西部，包括四川、重庆、云南、贵州、陕西、甘肃东部、宁夏等，人口密度和经济发展水平接近中部地带。以西为远西部，包括西藏、甘肃西部、青海、新疆等，地广人稀，多高山、荒漠和干旱草原，经济比较落后，但自然资源十分丰富，具有资源优势。据统计，1998年，西部地带的占地面积为548万平方千米，占全国的57.1%；人口2.85亿，占全国的23.11%；人口密度为52人/平方千米，其中西藏、青海和新疆人口密度分别为2人/平方千米、7人/平方千米和11人/平方千米；GDP为11 552亿元，占全国的13.96%；人均GDP为4095元。

二、按经济协作区域分组

按经济协作区域分组指以大城市为中心，以专业化地域生产为标志，将相互联系的省级区域合并归类的一种区域分类方法。其划分的目的在于突出中心城市的带动和辐射作用，促进区域内经济协作共同发展。中华人民共和国成立以来，我国曾先后进行了几次经济协作区域的划分工作，比较有代表性的划分如下。

（一）建国初期以大城市为标志的经济协作区域分组

中华人民共和国成立初期，为了加强经济建设和满足军事管制的需要，以大城市为中心，将全国划分为六大经济区域，形成东北、华北、华东、中南、西北、西南六大经济协作区，其中，1958年将中南区细分为华中和华南两个区域，变成七大经济区域。1961年根据经济调整的需要，又将华中和华南区合并为中南区。不少学者认为，仍然按七大经济区域划分为好，特别是国务院发展中心课题组依据自然条件、经济条件、社会条件，并以适当照顾行政区划完整性为原则，提出依然将我国划分为东北、华北、华东、华南、华中、西北、西南七个经济协作区。

（1）东北经济区。以沈阳为中心，包括辽宁、吉林、黑龙江 3 省。该地区是以重工业为主体的工业基地，各省经济社会发展水平相近，联系密切，自然条件优越，工业基础雄厚，交通发达。据统计，1998 年，东北经济区的占地面积为 78.72 万平方千米，占全国的 8.20%；人口 1.06 亿，占全国的 8.58%；人口密度达 135 人/平方千米；GDP 为 8272 亿元，占全国的 10.00%；人均 GDP 为 7843 元。

（2）华北经济区。以北京、天津为中心，包括河北、内蒙古、山东，共 2 市 3 省。该地区地理位置优越，交通便利，资源组合条件好，轻重工业相平，科技教育事业发达，社会、经济发展水平较高。据统计，1998 年，华北经济区的占地面积为 155.50 万平方千米，占全国的 16.19%；人口 2.00 亿，占全国的 16.19%；人口密度达 129 人/平方千米；GDP 为 15 958 亿元，占全国的 19.28%；人均 GDP 为 8106 元。

（3）华东经济区。以上海、南京为中心，包括江苏、浙江，共 1 市 2 省。该地区区位条件好，交通发达，农业基础好，工业技术基础雄厚，工业结构轻型化，乡镇企业发展迅速，城镇化水平高，是我国经济最发达的地区之一。据统计，1998 年，华东经济区的占地面积为 21.67 万平方千米，占全国的 2.26%；人口 1.31 亿，占全国的 10.63%；人口密度达 605 人/平方千米；GDP 为 15 876 亿元，占全国的 19.18%；人均 GDP 为 12 283 元。

（4）华南经济区。以广州、厦门为中心，包括福建、广东、海南。该地区地理位置独特，自然条件优越，对外开放较早，对外贸易发达，商品经济活跃，基本形成经济特区—经济技术开发区—开放城市—开放地区的多层次对外开放格局。据统计，1998 年，华南经济区的占地面积为 36.97 万平方千米，占全国的 3.85%；人口 1.12 亿，占全国的 9.08%；人口密度达 303 人/平方千米；GDP 为 11 688 亿元，占全国的 14.12%；人均 GDP 为 10 580 元。

（5）华中经济区。以武汉为中心，包括山西、河南、安徽、湖北、湖南、江西。该地区工业结构呈资源加工型，重工业比重较大，地理位置适中，农业基础好，农产品商品率较高，经济发展水平居中。据统计，1998 年，华中经济区的占地面积为 102.69 万平方千米，占全国的 10.69%；人口 3.53 亿，占全国的 28.61%；人口密度达 344 人/平方千米；GDP 为 17 531 亿元，占全国 21.18%；人均 GDP 为 5002 元。

（6）西北经济区。以兰州为中心，包括陕西、甘肃、宁夏、青海、新疆。该地区幅员辽阔，矿产资源丰富，人口稀少，开发历史短，社会、经济发展水平较低，农业生产粗放，以重工业为主的工业体系初具规模，交通不发达。

据统计，1998年，西北经济区的占地面积为310.69万平方千米，占全国的32.35%；人口0.89亿，占全国的7.22%；人口密度达29人/平方千米；GDP为3816亿元，占全国的4.62%；人均GDP为4263元。

（7）西南经济区。以重庆为中心，包括四川、广西、云南、西藏、贵州，共1市5省（自治区）。该地区地域辽阔，自然资源丰富，自然条件复杂，交通困难，少数民族多，自然和社会经济条件呈多样化，农业全面发展，轻重工业相平，经济发展水平最低。据统计，1998年，西南经济区的占地面积为256.67万平方千米，占全国的26.73%；人口2.43亿，占全国的19.70%；人口密度达95人/平方千米；GDP为9640亿元，占全国11.64%；人均GDP为4028元。

（二）"九五"时期，以中心城市和交通要道为标志的经济协作区域分组

1996年3月17日，第八届全国人民代表大会第四次会议批准的《中华人民共和国国民经济和社会发展"九五"计划和2010年远景目标纲要》（以下简称"《纲要》"）中明确指出区域经济协调发展的方向：按照市场经济规律和经济内在的联系以及地理自然特点，突出行政区划界限，在已有经济布局的基础上，以中心城市和交通要道为依托，逐步形成7个跨省区的经济区域。

（1）长江三角洲及沿江地区。该地区自然条件优越，海陆空综合运输网络发达，工农业发达，生产技术水平、经营管理水平较高，综合经济实力雄厚，是我国经济发展水平最高的区域。《纲要》指出，该地区要发挥通江达海的交通优势以及农业发达、工业基础雄厚、技术水平较高的优势，以浦东开放开发、三峡建设为契机，依托沿江大中城市，逐步形成一条横贯东西、连接南北的综合型经济地带。

（2）环渤海地区。该地区能源矿产资源丰富，经济技术配套条件好，开发程度高，经济结构比较完整，科技实力较为雄厚。《纲要》指出，该地区要发挥交通发达、大中城市密集、科技人才集中、煤炭石油等资源丰富的优势，以支柱产业发展、能源基地和运输通道建设为动力，依托沿海大中城市，形成以辽东半岛、山东半岛、京津冀为主的环渤海综合经济圈。

（3）东南沿海地区。该地区自然条件优越，经济基础雄厚，毗邻港澳台和东南亚，集中了全国4个经济特区、3个沿海开放城市和94个市县的经济开放区，是我国对外开放的先行区。《纲要》指出，该地区要发挥毗邻香港、澳门、台湾和对外开放程度高、规模大的优势，以珠江三角洲和闽东南地区为主，

进一步发展创汇农业、资金技术密集的外资企业和高附加值的创汇产业，形成外向型经济发达的经济区。

（4）西南和华南部分省区。该地区水电资源和矿产资源丰富，资源的地域组合、空间匹配状况比较理想，部分地区地处热带、亚热带，农业生产条件较好。《纲要》指出，该地区要发挥沿海、沿江、沿边和农、林、水、矿产、旅游资源丰富的优势，以对外通道建设、水电和矿产资源开发为基础，依托国防工业的技术力量，形成全国重要的能源基地、有色金属和磷硫生产基地、热带亚热带农作物基地和旅游基地。

（5）东北地区。该地区自然资源丰富，交通便利，工业基础雄厚，科技水平较高。《纲要》指出，该地区要发挥交通发达、重化工业体系完整、土地和能源资源丰富的优势，加快老工业基地改造，搞好图们江地区开放开发，综合开发农业资源，发展深加工，形成全国重要的重化工基地和农业基地。

（6）中部五省地区。该地区地理位置适中，交通便利，水利电力资源丰富，农业基础好，钢铁、有色金属工业发达，机械制造业实力雄厚。《纲要》指出，该地区要发挥农业发达、工业基础好、交通便利的优势，以陇海、京九、京广等铁路干线为纽带，形成重要的农业基地、原材料基地、机械工业基地和新的经济带。

（7）西北地区。该地区幅员辽阔，矿产资源丰富，人口稀少，社会、经济发展水平较低，农业生产粗放，以重工业为主的工业体系初具规模，交通不发达。《纲要》指出，该地区要发挥连接东亚和中亚的区位优势，以及农牧业、能源、矿产资源丰富和军工企业发达的优势，以亚欧大陆桥为纽带，加快水利、交通建设和资源开发，形成全国重要的棉花和畜产品基地、石油化工基地、能源基地和有色金属基地。

三、按省级行政区域分组

按省级行政区域分组指根据我国现行的行政区划分不同区域的分类方法。其划分目的在于研究省级政府在市场经济条件下，指导本地区经济发展所起的重要作用。我国的省级行政区域是在政治、经济、人文、地理等多种因素作用下，经历了一个漫长的历史过程才逐步形成的具有特色的地区单元。由于按省级行政区域分组，资料易于搜集，且被政府所关注，所以在区域经济分析中按省级行政区域分组应用最为广泛。西方著名的区域经济学家胡佛也认为："最实用的区域划分应当符合行政区划的疆界。"其弊端是强化了行政干预的力量，违反市场经济规律的行政干预会对区域经济的发展产生一些不利影响。

我国目前共有34个省级行政区域,其中按中央政府管辖方式的不同分为省、自治区、直辖市、特别行政区4种类型。

(1)省。包括黑龙江、吉林、辽宁、河北、山东、江苏、浙江、福建、广东、海南、山西、河南、安徽、湖北、湖南、江西、陕西、甘肃、青海、四川、云南、贵州、台湾,共23个省份。

(2)自治区。包括内蒙古自治区、宁夏回族自治区、新疆维吾尔自治区、西藏自治区和广西壮族自治区,共5个自治区。

(3)直辖市。包括北京、天津、上海和重庆,共4个直辖市。

(4)特别行政区。包括香港、澳门。

第三章 区域经济协调发展状况的测度分析

第一节 区域经济协调发展总体概况

一、区域经济划分方法

改革开放后为了进一步促进国民经济发展,我国开始划分经济区域。"六五"时期我国提出注重优先发展沿海地区经济。"七五"时期扬弃沿用30多年的"沿海、内地"区域格局两分法,采用"东部、中部、西部"三大地带划分法,优先加速发展东部沿海地带,重点发展中部地带的能源、原材料工业。国家"九五"计划把加快中西部地区发展列为重要战略任务,明确重点建设长江三角洲及沿江地区(即长江经济带)、环渤海湾地区、东南沿海地区、西南和华南部分省区、东北地区、中部五省地区、西部地区等7个跨省区市的经济区域。

我国目前的区域划分指《中共中央国务院关于促进中部地区崛起的若干意见》《关于西部大开发若干政策措施的实施意见》和十六大报告精神,将我国明确划分为东部、中部、西部和东北四大区域。下文简称"东中西北"四大区域。

二、区域经济协调发展战略

我国的现行区域发展战略建立在我国的"东中西北"四大区域划分之上,是党的十六大所提出的"五个统筹"之一。具体内容为积极推进西部大开发,振兴东北地区等老工业基地,促进中部地区崛起,鼓励东部地区率先发展,继续发挥各个地区的优势和积极性,通过健全市场机制、合作机制、互助机制、扶持机制，逐步扭转区域发展差距拉大的趋势，形成东中西北相互促进、优势互补、共同发展的新格局。

党的十九大报告指出，实施区域协调发展战略，加大力度支持革命老区、民族地区、边疆地区、贫困地区加快发展，强化举措推进西部大开发形成新格局，深化改革加快东北等老工业基地振兴，发挥优势推动中部地区崛起，创新引领率先实现东部地区优化发展，建立更加有效的区域协调发展新机制。我国区域经济发展的原则由区域经济协调发展转变为区域协调发展，区域发展的协调性增强主要表现为持续推进"西部开发、东北振兴、中部崛起、东部率先"四大地区发展战略，四大地区间发展差距得到有效控制。

第二节 区域经济协调发展水平测度

一、区域经济协调发展整体水平测度

基于国际社会调查项目（ISSP）指标体系，四大区域的协调发展水平见表3-1。

表3-1 四大区域协调发展水平

地区	2011年	2012年	2013年	2014年	2015年	2016年
东部地区	1.20	1.12	1.05	1.18	1.15	0.93
中部地区	0.80	0.73	0.66	0.68	0.53	0.35
西部地区	1.16	1.08	0.95	0.89	0.86	0.67
东北地区	1.02	1.02	0.96	0.94	0.91	0.84

根据测度结果，可以得出如下结论：一是东部地区在经济增长、经济结构、公共服务和发展潜力方面均高于其他地区；二是区域间经济的协调发展水平差距呈逐步减小趋势。

二、东部地区经济发展水平测度

基于ISSP指标体系，笔者对东部地区的经济协调发展水平进行测度，根据测度结果，可以得出三个结论：一是河北、山东的发展趋势与东部地区整体发展趋势相悖。山东与河北是东部地区发展最不协调的省份，河北地区比山东

地区的不协调程度更高。二是河北与山东的发展落后在于其发展潜力低。河北与山东除了发展潜力低于东部平均水平，其他方面都与东部平均水平相近。三是东部地区中江苏、浙江、福建、广东、海南的协调发展水平高于平均水平。北京、天津、河北、上海、山东的协调水平低于平均水平。

三、中部地区经济发展水平测度

基于 ISSP 指标体系，笔者对中部地区的经济协调发展水平进行测度，根据测度结果，可以得出如下结论：一是山西、河南的发展趋势与中部地区整体发展趋势相悖。山西与河南是中部地区发展最不协调的省份，山西地区比河南地区的不协调程度更高；二是山西省的所有指标都远低于中部地区的平均水平，山西省的经济协调发展水平全面落后于中部地区其他省份；三是河南省与安徽省的经济结构和公共服务方面优于平均水平，但是经济发展乏力和发展潜力小导致其在中部地区中处于发展落后地位。

四、西部地区经济发展水平测度

基于 ISSP 指标体系，笔者对西部地区的经济协调发展水平进行测度，根据测度结果，可以得出如下结论：一是新疆、内蒙古的发展趋势与西部地区整体发展趋势相悖。两者发展潜力皆远远落后于西部整体水平；二是西部地区中，南方区域的发展水平高于北方区域，且南方区域各方面都高于平均水平；三是西藏是全国发展潜力最高的区域。

五、东北地区经济发展水平测度

根据测度结果，可以得出如下结论：一是东北地区的三个省份发展趋势一致；二是辽宁的发展潜力最低导致其经济协调发展水平最差。

第三节 区域经济协调发展水平的基本结论

从测度结果来看，我国的东部地区从经济增长、经济结构、公共服务和发展潜力方面全面超过其他三个地区，为我国的先发展区域，而中西部和东北地区为我国的后发展区域。

一、先发展区域经济协调发展水平的基本结论

东部地区为我国经济发展水平最高的区域。根据笔者的测度,其经济协调发展水平也最高。在四大区域中发展水平高不代表东部地区没有发展任务。目前我国的经济发展面临由量转质的阶段,作为我国经济最发达的地区,东部地区应该成为实现我国经济的供给侧结构性改革的示范。同时,东部地区需利用其经济发展优势,以"先富"带动"后富",优化与落后地区的分工,引导落后地区的技术进步,促进落后区域的经济发展。

二、后发展区域经济协调发展水平的基本结论

第一,中部地区的发展问题为经济增长缓慢和经济结构不合理。这是我国目前政策导向的结果,中部地区不是国家的重点经济发展区域。政策不具备针对性,缺乏有力资源、资金支持,当地政府作为乏力都是中部地区落后的原因。因此,中部地区的任务在于寻求新的经济发展动力与经济增长点,发展独特优势,以加快经济的发展。

第二,西部地区的区域经济协调发展水平仅次于东部地区,但在公共服务方面存在问题。公共服务的落后,代表着西部地区公共事业发展的落后。在保证经济发展速度的基础上,实现社会发展繁荣,是西部经济发展的重要任务。同时,西部地区发展虽为后发地区之冠,但其经济增长和经济结构仍落后于东部地区,需要加速赶超。

第三,东北地区的发展问题在于经济增长方式的不合理,其经济增长方式与其他区域的经济增长方式相悖,面临断崖式经济衰退。东北地区需要着力解决这个问题。同时,东北地区也具有公共服务能力不足的问题。作为老工业基地东北地区需要更新经济发展方式,实现从计划经济生产方式到市场经济生产方式的转变,市场化改革是东北地区发展中的重要命题。

第四节 政府竞争、市场竞争与区域经济协调发展的测度理论分析

政府和市场是区域经济关系形成的两个重要因素,若要清晰梳理区域间的经济关系,就必须讨论政府和市场两大主体的作用及其交互影响的经济效应,而目前国内外还没有系统性阐释政府竞争、市场竞争与区域经济协调发展之间理论关系的相关研究。鉴于此,本节将在对政府竞争、市场竞争与区域经济协

调发展等概念进行理论界定的基础上,分别探讨政府竞争、市场竞争对区域经济协调发展的影响路径及其区域差异效应,并分析政府竞争和市场竞争相互约束机制对区域经济协调发展的影响。

一、政府竞争、市场竞争与区域经济协调发展的内涵

对核心概念进行清晰界定是存在一定难度却非常必要的一项工作,如果不能准确把握各核心概念的理论边界,势必导致后续研究的混乱。

(一)区域间的政府竞争和市场竞争

一般认为,竞争是两个或两个以上主体通过自身所具备的手段为了某一目标或利益而进行的较量或争夺。首先要明确竞争主体是谁,若不存在相互之间独立的利益主体,就不会出现利益之争,竞争也就无从谈起了。其次要明确竞争目标是什么,若没有一个能将各竞争主体吸引到共同"竞技场"的竞争目标,竞争行为也就不会发生了。最后要明确竞争手段或方式是什么,竞争目标确定之后,若各竞争主体并不具备一定的竞争手段或方式以实现竞争过程中的利益再分配,竞争也只能是"纸上谈兵"。下面所要讨论的是区域间政府竞争和区域间市场竞争的竞争主体、竞争目标、竞争手段分别是什么。

1. 区域间的政府竞争

在区域地方政府间的竞争博弈过程中,其竞争的主体、目标和手段可详细地做如下阐述。

(1)区域间政府竞争的主体:省级地方政府。政府竞争一般包括纵向政府竞争和横向政府竞争两方面,前者指上一级政府和下一级政府之间的竞争,如中央政府和地方政府、省级政府和县级政府等;后者指同一级政府之间的竞争。而本书所要讨论的区域间政府竞争是同一级政府之间的竞争,即横向政府竞争,当然在分析过程中本书还会考虑中央政府的约束作用。在省市县三级政府中本书之所以选择考查省级政府之间的竞争,是因为在区域发展战略制定和政府边界划分方面省级地方政府具有更强的影响力。

(2)区域间政府竞争的目标:区域经济发展。政治制度上的差异使得不同国家的地方政府在竞争目标设定上存在一些差异。在联邦制国家中,地方政府竞争的目标在于通过吸引自身所需要的资本、劳动力和其他流动性要素以增强本辖区经济体的竞争优势,而竞争的源泉则来自选民和市场主体的压力,因为选民和市场主体既是其赖以存在的基础又是其权力的来源。而在我国地方政

府间的竞争上，学者更多地关注政治晋升和行政性分权框架下的区域经济发展这一主题。在政治晋升激励作用下我国的上下级政府间形成了"自上而下"的标尺竞争关系，在这一关系中代理人是我国的地方政府，但委托人并不是选民或市场主体而是上级政府，故区域经济发展作为中央政府评价地方政府工作"绩效"的主要政绩内容就显得尤为重要，推动区域经济发展、取得相对更好的政绩也成为我国地方政府之间竞争的重要目标。在行政性分权框架下，区域经济发展可以有效地扩大税源、保障财政收入，进而提高地方政府效用。

（3）区域间政府竞争的手段：地方政府财政支出的结构性倾斜。以财政支出为主要内容的公共品供给是地方政府实现其政府职能的主要手段。由于不同类型的财政支出对区域经济的影响存在一定的差异，地方政府在竞争博弈过程中为推动本区域经济发展必然会对经济效应较强的财政支出更加偏好，这便形成了地方政府财政支出的结构性倾斜，同时也解释了地方政府竞争手段的具体内容。那么，地方政府更加偏好哪种类型的财政支出呢？生产性支出和消费性支出两个概念的提出解答了这一问题。有学者认为以基本建设投资为代表的生产性财政支出可以提高生产要素的边际生产效率，推动生产要素的流入集聚，进而带动区域经济增长、提高区域产出水平；而以科教文卫投入为代表的消费性财政支出受区域经济社会规模的约束较强，其对区域经济增长也具有积极的促进作用，但其经济效应更多地体现在较长的周期范围内，而短期内其经济效应并不显著。当然，政府在制度方面的竞争行为也对区域经济发展有重要作用。如中共深圳市委和深圳市人民政府于2008年出台了《关于加强高层次专业人才队伍建设的意见》，该意见提出"创新引进政策，积聚创新型高层次专业人才""加大培养力度，开发和提升高层次专业人才创新能力""加强载体建设，为高层次专业人才事业发展提供平台""整合资源，强化激励，完善高层次专业人才服务保障体系"等措施，以此引进包括高层次专业技术人才和高技能人才在内的高层次劳动生产要素。

综上所述，区域间的政府竞争指地方政府以政治晋升为目标，在行政性分权框架下为推动本区域经济的发展通过财政支出结构调整等行政手段实施的竞争行为。然而，有许多学者认为就其效应而言，地方政府竞争是一把"双刃剑"，既有积极的一面，也有消极的一面。从积极层面来说，竞争博弈过程中所形成的"在经济社会治理上'后发区域'向'先发区域'学习"的行为会不断推动"后发区域"地方政府的决策优化；地方政府决策者为获取竞争的比较优势会不断推进行政制度改革，进而促进政府治理职能的优化；地方政府作为一个生产和供给公共品的"黑盒子"，在竞争压力下会不断提高其自身生产率，即政府效率，并通过多种渠道不断优化其公共品的供给，提升社会福利；在竞争过程中，地方政府为更好地完成其经济社会治理职能，会对产权进行明确界定和积极保护，进而保障和推动区域经济发展。从消极层面来说，不良的政府竞争会导致政府过多地干预市场，使得市场在资源配置中的作用得不到有效发挥，不利于经济长期效应的有效显现；地方政府竞争的加剧会扩大政府对税收的需求，区域税收负担的加重增加了市场主体的运行成本，不利于区域经济的发展；自我封闭式的地方政府竞争行为，增加了区域间经济互动的交易成本，不利于区域间的市场协作和正外溢性传导，阻碍了区域经济协调发展。在此双重效应的驱使下，改革开放以来我国地方政府竞争带动着我国区域经济快速发展，但其也带来了区域经济差距扩大、市场分割加剧的经济格局。

2. 区域间的市场竞争

与政府一样，在资源配置中起基础性作用的市场对区域间经济关系的演进具有重要的调节作用，区域间的市场竞争机制是我国区域经济关系格局形成和发展的主要推动机制。那么，区域间市场竞争的主体、目标和手段是什么呢？下面将做出详细解释。

（1）区域间市场竞争的主体：以企业为主要代表的经济活动主体。与政府竞争相对应，市场竞争是剔除政府因素以市场机制为主要法则的一种竞争行为。在不考虑空间因素的情况下，单就主体层面而言，市场竞争包括部门内竞争和部门间竞争两类，前者指在同一部门内生产同质或相似产品的企业间的竞争行为，其竞争对象主要是产品市场份额；后者则指在资源稀缺条件下不同部门为了获得资源比较优势通过提高生产要素使用效率、调整生产要素价格或占有量等手段所实施的竞争行为，其竞争对象是以生产要素为主要代表的稀缺资源。无论是产品市场份额还是生产要素分布，都存在着区域禀赋问题，不同地区的同一部门或者不同部门在其原有禀赋状况下只有通过其市场行为获得市场份额或生产要素优势，才能在地区间的竞争中获得"胜利"，而此处提到的"不同地区的同一部门或者不同部门"，则指以企业为主要代表的经济活动主体。此时，无法避开的一个问题便是地区利益代表问题，首先我们会想到的是地区政府，因为它们也是市场主体和利益主体的重要构成部分，但其职能定位决定了其不能通过市场机制参与到经济活动中来。而以企业为主要代表的经济活动主体虽然是一个比较分散的群体，却具备一些共同的区域特性，这既是由其自身正式制度约束（如逐利行为、地区经济政策、政府竞争行为等）决定的，也是由地区非正式制度约束（如风俗、"老乡"观念、经营理念、非正式制度对交易成本的影响等）决定的。这些共同的区域特性使得一个地区的经济活动主体可以描述成参与区域间市场竞争中的总括性主体。

（2）区域间市场竞争的目标：在生产要素层面获取比较优势，以此提升地区市场利润空间。新古典经济增长理论认为，生产要素投入是决定区域经济增长的重要因素，作为生产要素的资本、劳动、技术是推动区域经济增长的主要源泉。在此理论路径下，市场经济活动主体必然采取各种市场行为驱使生产要素向本区域流动，以提升其产出水平和质量，而单个主体的产出优化行为构成了整个区域的经济增长。当然，还有三个问题值得讨论：其一，在不同经济发展阶段，不同类型生产要素的集聚所带来的经济效应是有差异的，故关于生产要素路径下市场竞争行为的分析必须关注经济发展的区域和阶段差异；其二，微观市场经济活动主体的市场竞争目标是增加利润，而由微观市场经济活动主体所构成的宏观区域经济整体的市场竞争目标是提升产出水平，虽然二者目标不一致，但前者形成了后者；其三，资本、劳动、技术虽然是生产要素的主要构成部分，但它们不能代表全部，如制度、社会资本、区域软实力等生产要素都是区域间市场竞争的目标。

（3）区域间市场竞争的手段：通过市场行为引导生产要素在区域间流动。区域间市场竞争的目标是在生产要素层面获取比较优势，以此提升地区市场利润空间。由此可知，生产要素流动是区域间市场竞争手段形成的前提和核心。根据俞前的研究，企业竞争的维度可分为基础层次、中级层次、高级层次和顶级层次四个方面，基础层次包括产品、价格和质量竞争三方面，中级层次包括服务和品牌竞争两方面，高级层次包括技术和资本竞争两方面，这三个维度竞争的潜在含义均体现在区域市场主体对生产要素的竞争上，此处的生产要素包括劳动（人力资源与人力资本）、资本、技术等，而顶级层次所涵盖的规则与文化竞争主要表现为政府主体所供给的制度竞争。以企业为主要代表的经济活动主体而言，区域间的市场竞争手段主要表现为通过吸纳劳动、资本要素，提升人力资本，引进和提升技术水平等方式，形成区域市场主体在产品、价格、质量、服务、品牌、技术和资本等方面的比较优势。当然，不同经济区域所采取的主要竞争手段是有差异的。

先发省份的市场竞争手段主要有以下三个。①通过企业制度和资金投入等手段削弱低层次生产要素（普通劳动力和传统产业投资等）的外流问题。造成低层次生产要素外流的主要原因：其一，区域生活成本（购租房和消费）提升驱使劳动力流向生活成本相对较低的后发省份；其二，先发省份土地价格高涨和工资水平抬升造成的投资流失；其三，区域产业结构转型形成的低端产业的转移。②通过人才引进和优化投资等手段吸引高层次生产要素（高层次人才和新型产业投资等）的流入，保持区域经济增长的动力。③通过人力资本优化和技术创新等手段提升区域技术水平和生产效率、降低区域企业生产成本，最终提高区域生产利润。

后发省份的市场竞争手段主要通过"返流"和"外溢"两条路径实现。①"返流"主要是先发省份低层次生产要素外流至后发省份的现象。伴随着中西部地区对东部地区转移产业的承接，要素"返流"现象越发凸显。就劳动要素而言，户籍制度改革引致的"农民工返乡"、房价高推动的大学生就业回流等均显示出目前后发省份所具有的劳动力要素"返流"机遇；就资本要素而言，先发省份产业结构转型和产业转移促使着中西部地区传统产业投资的集聚；就技术要素而言，一方面劳动和投资的回流使得后发省份技术提升有了基础，另一方面经济转型进程中先发省份的技术要素在向后发省份转移。②"外溢"主要指先发省份要素优化的正外部性对后发省份要素优化的积极作用，而该"外溢"效应也可视为要素"质量"的转移。就劳动要素而言，在原有要素禀赋的基础上劳动力要素返流促使后发省份人力资本的提升；就资本要素而言，先发省份投资的转型带动了后发省份的投资转向；就技术要素而言，通过先发省份和后发省份的要素交流和技术要素返流等路径，后发省份的技术水平不断改善和提升。

综上所述，区域间的市场竞争指以企业为主要代表的经济活动主体，通过其市场行为引导生产要素在区域间的配置，进而在生产要素层面获取比较优势以提升地区市场利润空间的竞争行为。根据义旭东的研究，要素流动机制下的区域间市场竞争脉络体现为要素禀赋—要素价格（收益）—区位优势—策略调整。在要素供需的作用机制下，不同区域的已有要素禀赋形成了不同区域的要素价格（收益），而要素价格（收益）决定了区域市场的区位优势，面临市场的区位优势市场主体进行市场策略调整。与政府竞争效应相同的是，区域间市场竞争效应也具有积极的一面和消极的一面。在积极效应方面，市场调节资源在区域间进行配置，不同层次生产要素在不同区域间进行布局分配，以促进不同区域经济的共同发展。在消极效应方面，垄断、不完全信息、外部性和公共产品等市场机制引致的市场失灵现象造成了区域经济发展的无效率。

（二）区域经济协调发展

从政策角度来讲，我国区域经济发展经历了"低水平均衡发展—非均衡发展—协调发展"的区域经济战略演变历程。改革开放以前，计划经济体制下的区域经济格局是一种低水平的区域均衡发展模式，这种忽视客观经济规律、抛弃市场资源配置作用的区域发展模式不适合后来我国经济的发展。改革开放以后，我国的市场经济活力得到迅速释放，经济发展水平快速提升，但区域间的经济差距也在不断扩大、区域经济结构日益不平衡，低水平的区域均衡发展模式向区域间的非均衡发展模式转变。1990年12月，《中共中央关于制定国民经济和社会发展十年规划和"八五"计划的建议》提出，要积极促进地区经济的合理分工和协调发展，这正式拉开了我国区域经济协调发展战略的序幕。之后，在制定《中华人民共和国国民经济和社会发展"九五"计划和2010年远景目标纲要》时，中共中央明确提出了区域经济协调发展的思路，并于1999年提出"西部大开发"战略，2003年提出"振兴东北地区等老工业基地"战略，2005年提出"促进中部地区崛起"战略。随后的"十一五""十二五"和"十三五"规划中，中共中央分别提出了"形成东中西部地区之间经济良性互动，区域间差距不断缩小的区域协调发展格局""优化格局，促进区域协调发展""塑造要素有序自由流动、主体功能约束有效、基本公共服务均等、资源环境可承载的区域协调发展新格局"的发展战略。

围绕着区域经济协调发展这一政府政策重心，国内学术界对区域经济协调发展的研究也逐步升温。早在2001年，张敦富、覃成林在其《中国区域经济差异与协调发展》一书中便对区域经济协调发展进行了定义，认为区域经济协调发展是区域之间在经济交往上日益密切、相互依赖上日益加深、发展上关联互动，从而达到各区域的经济均持续发展的过程。之后，学者的思路进一步深化并结合要素流动机制，将区域经济协调发展定义为这样一种发展状态，即不同经济区域根据区域要素禀赋的格局特征，制定本区域发展模式，形成区域间的合作分工，并通过中共中央和地方政府的宏观调控使得区域间的经济差距逐步稳定和缩小。彭荣胜认为区域协调发展可从以下三个方面来理解。一是区域市场之间的开放性较强、经济联系和交流不断深化和密切、区域比较优势得到充分发挥；二是在确保全国经济增长的情况下应当将区域间的经济发展差距控制在合理的范围之内；三是在经济增长促进路径上区域之间的互动是良性的。覃成林等对区域经济协调发展做出如下定义：它指在区域开放条件下，区域之间经济联系日益密切、经济相互依赖日益加深、经济发展上关联互动和正向促进，各区域的经济均持续发展且区域经济差异趋于缩小的过程。综合上述研究，我们可以将区域间的经济协调发展理解为以下三方面。

其一，区域间经济联系加强。区域间经济联系的加强是区域间实现协调发展的前提和重要标志。一方面，区域间经济联系的存在会为区域间经济协调发展提供市场协作前提。另一方面,区域间经济联系程度越高,区域市场之间的互动性就会相对越高,市场之间资源(要素)配置的互补性越高,区域间协作程度越高,区位比较优势得到充分发挥,区域间经济协调程度也会相应越高。具体而言,区域间经济联系的强化,打破了国内区域间的市场分割,使得以生产要素结构差异化分工为格局基础的国内统一市场不断完善和扩大,区域间生产要素的布局与区位比较优势不断优化匹配,非市场因素对区域市场机制的干扰作用不断减弱,区域间市场层面的协调机制逐步形成并完善。

其二,区域间经济差距缩小。当前,我国区域经济发展面临着的最大问题便是先发省份与后发省份之间经济差距的日益扩大且这种扩大的趋势在不断发展,并逐渐呈现出两极分化的势头。在此背景下,区域间实现经济协调发展的主要标志即是通过政府和市场手段推动区域间经济差距的缩小。然而,区域经济协调发展并不意味着低水平的区域间平衡发展,因为受制于区位经济条件和市场机制,区域间的经济差距是不可避免的。因此,我国区域间协调发展的经济格局应当符合区域经济比较优势状态下的合理范围内的区域间经济差距,且在这段范围区间内区域间的经济差距还呈现出逐步缩小的趋势。

其三,区域间经济增长差异缩小。在改革开放政策的推动下,我国区域经济经历了高速发展的阶段,与此同时,我国区域间的经济增长差异也在不断扩大,特别是面临着经济新常态的新形势,这一差异扩大趋势更为明显,推动区域间的经济增长差异缩小显得更为重要和必要。2014年地区经济增速最高和最低的差距达到了13.83个百分点,2013年和2012年这一差距分别达到了13.46个百分点和15.04个百分点。区域经济差距反映的是区域间经济总量上的不同,区域经济增长差异显示的是区域经济潜力方面的不同。区域间经济增长差异的扩大,表明了我国区域经济增长的发散性,区域间经济发展的"两极分化"愈加严重,这给经济新常态下我国整体经济的增长造成了一定的威胁。而协调发展的区域间经济格局是一种持续健康的经济走势,区域间的经济增长也呈现出了收敛的趋势,区域间的经济增长差异也在不断缩小,区域间的经济潜力也呈现出了持续提升的态势。

综上,本书提出如下概念界定:区域间经济协调发展指这样一个区域经济格局演变趋势,在该趋势中区域间的经济联系程度不断加强、区域间的经济差距在合理区间内不断缩小、区域间的经济增长差异不断收敛,并最终形成区域间协调的经济发展格局。

二、政府竞争对区域经济协调发展的影响

政府竞争对区域经济协调发展的影响是一把"双刃剑",即存在着正向和负向的双重效应,而我国地方政府竞争对区域经济协调发展的影响正是正负双重效应的博弈结果。一般而言,适度的地方政府竞争有利于推动区域经济协调发展,而过度的地方政府竞争是不利于区域经济协调发展的。

(一)正向效应下政府竞争对区域经济协调发展的影响

生产要素的区域间配置是地方政府竞争影响区域经济协调发展的主要理论路径,而生产要素自由流动、经济发展环境优化、经济结构性转移、制度创新和优化是影响生产要素在区域间配置的主要因素。

1. 生产要素自由流动视角下政府竞争影响区域经济协调发展的正向效应

新古典经济增长理论认为,生产要素投入是决定区域经济增长的重要因素,作为生产要素的资本、劳动、技术是推动区域经济增长的主要源泉。然而,目前我国面临着市场配置机制失灵的问题:一方面,受到区域制度安排、要素禀赋、要素相对价格和区位因素的制约,后发省份的市场机制对生产要素的吸引力显著落后于先发省份;另一方面,受到要素使用成本的约束,优化要素结构成为先发省份所面临的主要问题。在市场机制缺乏效率的情况下,政府成了后发省份和先发省份改变这一生产要素不利布局现状的重要主体。

(1)后发省份地方政府的生产性财政支出行为,通过项目投资等形式吸引外区域生产要素(资本、劳动和技术)向本区域的流入,进而促进区域经济协调发展。政府作用下生产要素向后发省份流入对区域间经济协调发展的推动作用主要表现在以下方面。①先发省份资本、劳动和技术等要素向后发省份的流入,通过要素外溢性和区域市场合作等技术路径,加强了先发省份和后发省份之间的经济联系;②生产要素向后发省份的"返流",拉动了后发省份的经济增长,缩小了区域间的经济差距;③生产要素在区域间的自由流动以及先发省份部分经济成分(传统产业)向后发省份的转移,使得区域间形成了合理的分工格局,促进了区域间经济增长的收敛;④中央政府科学的区域经济发展战略,可以通过区位经济比较优势推动区域分工,促进区域经济协调发展。在本理论路径下,以生产性财政支出为主要手段的地方政府行为代替了市场在区域间的资源配置作用,使得在"无形的手"作用机制下处于劣势地位的区域获得了"有形的手"的合理干预,进而推动了区域间的经济协调发展。

（2）经济转型中先发省份的政府竞争行为缓解了本区域市场对生产要素的结构性需求不足的问题，有利于推动区域间经济协调发展。先发省份的经济发展已处于转型的关键时期，虽然要素的高回报率使得先发省份的要素禀赋要高于后发省份，但其也面临着诸多问题：①先发省份日益上涨的土地使用价格、不断上升的劳动力工资成本使得许多投资开始退出先发省份市场；②高昂的生活成本使得对人力资本需求较高的先发省份开始担忧劳动力的结构性流失问题；③在各地政府不断加大技术投入和技术外溢性模糊区域限制的作用下，先发省份开始失去其在技术层面的优势；④处于转型期的先发省份面临着低层次生产要素过剩、高层次生产要素供给不足的状况。面对这些问题，先发省份开始积极吸引高层次生产要素的流入，有的放矢地降低本区域内部分低层次生产要素的充裕度。先发省份的这一政府竞争行为，可以有效地推动区域间经济的协调发展。

2. 经济发展环境优化视角下政府竞争影响区域经济协调发展的正向效应

地方政府财政支出向生产性财政支出的结构性倾斜是横向政府竞争的主要手段，而生产性财政支出的正向效应便体现在了以基础设施完善为主要内容的区域经济发展环境改善上。一方面，区域经济发展环境的改善可以提升后发省份的生产要素吸引力，进而缩小先发省份和后发省份的经济差距，促进区域经济协调发展。另一方面，区域经济发展环境改善的获利主体不仅仅是本区域市场主体，还包括其他区域的市场主体，凸显出了地方政府在生产性财政支出方面的正外部性，这一正外部性政府行为可以有效地促进区域经济的协调发展。当然，需要注意的是，超越区域经济发展水平的过度基础设施建设，不仅不利于区域经济的增长，还会给区域市场主体造成税收负担。

3. 经济结构性转移视角下政府竞争影响区域经济协调发展的正向效应

区域经济协调发展是一个结构性演变的过程，先发省份在经济结构上要远远领先于后发省份。在中央政府的区域发展政策和地方政府的竞争行为作用下，不适于先发省份地方政府效用偏好的经济成分（如传统产业等）逐步向后发省份转移，这加速了先发省份的经济转型，同时也优化了后发省份的经济结构，进而带动了整体经济的结构性增长，促进了区域经济协调发展。而在经济成分的转移过程中，生产要素的流动也是相伴而生的。另外，后发省份地方政府为吸引更多的生产要素和经济成分流入，所配套的相应政策和投入，使得其区域市场吸引力更强，进而形成了一种良性循环，带动了区域间的经济协调发展。

4. 制度创新和优化视角下政府竞争影响区域经济协调发展的正向效应

制度创新和优化涵盖了正式制度和非正式制度两个方面。

（1）正式制度方面。伴随着生产性财政支出的政府竞争行为的实施，区域政府在不断完善区域的正式制度供给（如税收优惠政策、人力引进政策、产业发展帮扶政策等），特别是在后发省份，制度优化行为增强了区域生产要素的吸引力，促进了区域间的经济协调发展。同时，制度创新使得生产性财政支出对区域经济协调发展的正向作用效率得到了提升。另外，制度创新也是政府政绩评定的重要内容，制度创新竞争也是地方政府竞争的主要构成部分，因此地方政府竞争可以通过正式制度创新促进区域间经济协调发展。

（2）非正式制度方面。在制度安排对交易成本的作用机制下，非正式制度对进入本地市场的外地企业具有重要的影响。若外地企业不能较好地适应本地市场的非正式制度约束（如方言、消费倾向、社会资本、风俗习惯等），外地企业在本地市场所消耗的交易成本要远远高于本地企业，这在本地市场上形成了对外地企业的非正式制度歧视。本地市场非正式制度对外地企业的歧视性越强，外地企业和本地企业所消耗交易成本的差距越会不断扩大，区域间的经济协调发展水平也会相应降低。正式制度供给是地方政府行为的重要体现，在外部性的作用下正式制度影响着非正式制度的变化轨迹。对非正式制度具有正外部性影响的正式制度供给，可以缩小非正式制度在地区间的禀赋差异，削弱非正式制度的歧视性，进而促进区域经济协调发展。

（二）负向效应下政府竞争对区域经济协调发展的影响

政府的积极干预可以有效弥补市场机制失灵问题，但政府决策的短期偏好行为使得政府竞争无法形成对区域经济协调发展的长期正向效应。过度的地方政府竞争行为会造成政府竞争影响区域经济协调发展的负向效应。

（1）地方政府竞争行为引致的产业同构和产能过剩，不利于区域经济比较优势的充分发挥。不同经济区域在其比较优势上都具有不同的特点，任何经济区域都应根据自身的区位优势选择适合自己发展的经济结构（产业结构）及模式。而在当前非均衡的区域经济格局下，后发省份政府容易形成盲目"模仿"先发省份经济发展模式的行为，这主要缘于政府对市场的错误判断。后发省份忽视本区域比较优势的盲目"模仿"行为，容易引致本区域产业结构与先发省份的趋同，造成重复建设和产能过剩，不仅使得本区域产业发展无法与先发省份衔接和合作，还使得本区域经济本已面临的市场竞争乏力状况更加严峻，最终不利于区域间经济的协调发展。刘再起和徐艳飞认为，当前我国地方政府对市场干预所形成的市场分割行为模式加剧了地区间的产业同构,其中,中西部地区产业同构现象较为严重,而东部地区产业结构调整较为及时,产业结构更加符合其区位优势。在市场竞争力并不明显的后发省份,政府竞争行为所引致的产业同构和重复建设等现象无疑是对市场发展的"雪上加霜",同时其对于宏观层面的区域间经济格局来说也是不利的。

(2)地方政府竞争行为无可避免地形成了地方保护主义行为,不利于区域间的经济融合。在政府竞争过程中,地方政府所实施的竞争行为存在着"短视"性。在不考虑中央政府宏观调控作用的情况下,后发省份地方政府行为的出发点是着眼于提升本区域经济发展水平,而非对全国经济大局的考虑,故其"短视"行为是无法避免的。无论是企业层面、产业层面或者区域经济层面,后发省份地方政府都会给予处于劣势地位的本地市场主体一定的保护,这种保护行为可以是政策层面的,也可以是政府购买倾斜、市场保护性封锁等隐形行政壁垒行为。虽然政府的地方保护行为可以在一定范围内避免本地企业、产业或者其他经济体受到外来竞争的冲击,但也隔绝了区域间的经济交流渠道,不利于区域间经济联系的加强,同时也在长远角度不利于其所保护经济体的发展。另外,这种拒绝接受市场资源配置作用的干预行为也易于造成产业同构和产能过剩现象。

(3)生产要素稀缺状态下后发省份政府的"恶性"竞争行为,加剧了省份间经济发展格局的不协调。在当前市场经济中,资本、劳动和技术等生产要素都是稀缺资源,不同区域经济主体都在为争夺这些稀缺资源而实施相应的竞争行为,而地方政府为了吸引投资、引进人才、提升技术水平也使出了"浑身解数",主要措施包括通过公共品供给和制度保障优化为生产要素进入本市场提供优惠政策、加强基础设施建设改善本区域的投资环境等。但一些"恶性"竞争行为,如土地和其他一些自然资源的低价转让、投资的盲目配套、本应有的环保和行政审批措施不到位等,在一定程度上不利于本区域经济的发展转型,同时也导致了生产要素的"恶意"逐利行为,加剧了竞争区域间的"对立",在原有经济格局和基础上扩大了区域经济差距,不利于省份间经济的协调发展。

(4)政府竞争行为引致的财政支出结构的不合理,不利于区域间的经济协调发展。一方面,区域间的政府竞争使得地方政府的财政支出结构偏离度不断增大,地方政府过度偏好生产性财政支出,这挤占了地方政府的保障性财政支出。保障性财政支出的缺失,使得人才培养、民间投资优化、社会资本提升和环境保护意识培养等方面出现不足,这不仅使得本已处于弱势地位的后发省份的经济增长更加乏力,还使得区域间的政府资源配置偏离均衡、区域间政府合作难度加大，不利于区域间的经济协调发展。另一方面，区域间的财政支出竞争使得地方债务问题更加严峻。财政支出竞争使得地方政府对财政收入更加偏好，而这一倾向使得区域市场税收负担不断加大，这种过度的市场干预行为不利于区域间的经济协调发展。

（三）政府竞争影响区域经济协调发展的结论

（1）适度的地方政府竞争有利于推动区域经济协调发展。后发省份适度的政府竞争行为，可以促进生产要素的"返流"，提升生产要素"外溢性"的经济效应，进而加强区域间经济联系程度，缩短区域间经济差距。在要素使用成本不断攀升的背景下，先发省份适度的政府竞争行为促进了不同层次生产要素在区域间的合理配置，有利于区域经济协调发展。同时，适度的政府竞争可以优化区域经济发展环境，推进区域经济结构的合理转移，促进区域间经济的协调发展。

另外，政府竞争也从正式制度和非正式制度层面为区域经济协调发展创造了制度条件。

（2）过度的地方政府竞争不利于促进区域经济的协调发展。过度和盲目的政府竞争行为，易于引致区域间的产业同构，阻碍区域经济比较优势的发挥，放大了地方保护主义的消极影响，强化了地区行政壁垒，不利于区域间经济的协调发展。同时，过度政府竞争也表现为一种"恶性"竞争行为，加剧了区域间的对立，导致了政府财政支出结构的不合理，使得保障性财政支出的积极作用得不到充分体现，不利于区域间的协调发展。

三、市场竞争对区域经济协调发展的影响

市场竞争对区域经济协调发展的影响主要表现为通过市场竞争机制实现资源在区域间的配置，这种配置作用呈现出了正向和负向的双重效应。在当前我国市场化程度差距较大的背景下，短期内市场竞争对区域经济协调发展的影响更多地体现在其负向效应上。随着市场机制的优化，市场竞争的长期正向效应会逐步显现出来。

（一）正向效应下市场竞争对区域经济协调发展的影响

区域间经济协调发展主要表现在三个方面，即经济联系程度不断加强、区域间的经济差距在合理区间内不断缩小、区域间的经济增长差异不断收敛，

而区域间的市场竞争机制通过这三个方面对区域经济协调发展产生长期的正向效应。

1. 市场竞争对区域间经济联系的强化作用

在排除政府作用的情况下,市场机制的作用使得生产要素和产品在区域间进行逐利性流动,而在区域异质性条件下,这种逐利性流动使得区域间的经济联系不断加强。后发省份和先发省份在要素禀赋和经济阶段上都是不同的,这也使得后发省份和先发省份对要素和产品的需求呈现出结构性差异。其一,先发省份低层次生产要素集聚过度,但高层次要素的需求空间仍然很大;其二,后发省份在资本、劳动和技术生产要素层面上处于禀赋弱势地位,但在自然资源等不可流动性生产要素上处于禀赋优势地位。基于这些区域差异,市场竞争加强了区域间的各种经济联系。

(1)随着先发省份传统产业投资收益的下降、中西部地区对转移产业的承接,先发省份相应产业的资本要素拥有者会不断将其资本投向后发省份,这加强了先发省份和后发省份资本要素拥有者之间的经济联系,进而推动了区域间经济联系的强化。

(2)随着后发省份劳动要素价格的提升和先发省份生活成本压力的增加,先发省份过剩的劳动力不断向后发省份"返流",这不仅弥补了后发省份的要素缺失问题,还使得劳动力所承载的人力资本、技术水平等经济因素呈现出区域间经济互动的趋势,进而带动了区域间的经济联系。

(3)技术供给市场是一个全国统一的市场,市场竞争使得技术转化成果根据其区域市场需要进行区域间的分配,这会加强技术供给和需求方面的区域间经济联系。

(4)先发省份和后发省份在生产要素的供给上均具备各自的优势,而其生产要素的需求并不一定会与其供给优势是匹配的,在不匹配的情况下其会形成区域间的要素依赖,进而会促进区域间的经济联系。

当然,这一影响形成的前提是要素和产品在区域间的流动是无壁垒的、可以实现区域间自由流动的市场行为。在排除政府作用的情况下,以企业为主要代表的区域经济活动主体无法形成国内市场的区域性市场壁垒。这意味着如果区域间要素和产品的自由流动前提是成立的,那么市场竞争对区域间经济联系的强化也是成立的。另外,除政府因素外市场竞争对区域间经济联系的积极影响,还需考虑市场机制的完善问题。对于机制不完善的区域市场,要素流动的传导机制受到阻碍,这使得区域要素和产品在区域间的配置不能更好地匹配其区位优势，进而不利于区域间市场分工的进行，其对区域间经济联系的强化程度也会相对减弱。

2. 市场竞争对区域间经济差距的缩小作用

市场竞争机制下区域间经济差距的缩小主要表现在以下三个方面。

（1）要素"返流"和"外溢"机制加快了后发省份在经济发展方面的"追赶步伐"。在"返流"机制下，原本在要素吸引方面不具备优势的后发省份开始获得要素补充，这使得后发省份的经济增长动力得到加强，其经济发展水平开始向先发省份追赶，区域间经济差距缩小。在"外溢"机制下，后发省份要素质量得到提升，市场机制逐步完善，区域间的经济发展差距不断缩小。

（2）要素相对价格（报酬）均等化推动区域间经济差距的缩小。市场竞争机制在配置区域间生产要素的同时促进了区域间要素相对价格（报酬）的均等化。所谓要素相对价格（报酬），指要素的名义价格（报酬）与要素使用成本的比值。改革开放初期，先发省份和后发省份的要素使用成本差异并不大。此时，先发省份的要素相对价格（报酬）相对较高，在要素逐利行为的作用下后发省份的生产要素不断向先发省份集聚，区域间的经济差距也在不断扩大。在市场竞争机制作用下，先发省份的要素使用成本急剧增加，而后发省份要素使用成本的增幅相对较小，这使得先发省份和后发省份的要素相对价格（报酬）在不断趋同以实现区域间的均衡化。

要素相对价格（报酬）的均等化，一方面为前述的"返流"和"外溢"机制创造了市场条件，进而使得区域间的经济发展差距不断缩小。另一方面通过城镇化进程和市场扩张推动区域间经济差距的缩小：其一，要素相对价格（报酬）的均等化，拉升了后发省份的人均收入水平，进而为后发省份城镇化进程提供了动力，而城镇化带动的经济驱动力使得后发省份与先发省份之间的经济发展差距逐步缩小；其二，要素相对价格（报酬）的均等化通过人均收入水平提升和城镇化等渠道扩大了后发省份的内需，进而拓展了后发省份的消费市场，带动了后发省份的区域投资，缩小了其与先发省份之间的经济差距。

（3）市场竞争机制下的区域经济结构演变推动了区域间经济差距的缩小。随着经济发展的进一步推进，在经济结构和市场机制两方面先发省份都要远远领先于后发省份。在这一背景下，区域间经济分工不断明晰，在先发省份已经不再具备市场优势的经济成分开始向后发省份转移，如东部地区传统产业向中西部地区转移等。一方面，经济成分在区域间的转移是与生产要素的流动"相伴而生"的，生产要素的流动促进区域经济差距缩小。另一方面，经济成分的转移带动了后发省份的经济结构优化,如产业结构高级化和合理化等,这使得后发省份的经济"追赶步伐"加快,经济差距缩小。

3. 市场竞争对区域间经济增长差异收敛的促进作用

区域间的合理分工和区位比较优势的充分发挥是促进区域间经济增长差异收敛的主要条件。市场竞争的合理深化,使得市场可以在区域间进行有效的资源配置。符合区位比较优势的区域间资源配置,会在原有区域经济禀赋基础上形成符合其区域经济特征的区域经济分工格局。这种分工格局不仅反映出各区域对经济增长的自我需求,同时也显示出了不同结构生产要素和经济成分在不同区域间的合理分布,这使得区域间的互补性和互动性不断加强。

区域经济增长凸显的是一个区域的经济潜力,在不同经济阶段促进经济快速增长的动力是不一样的:在经济发展初期,区域经济快速增长对生产要素层次和经济结构层次的需求相对较低;在经济发展后期,区域经济快速增长对生产要素层次和经济结构层次的需求会相对较高。在依据区位比较优势进行的区域间合理分工中,市场竞争可以有效地促进各区域在经济增长上的差异收敛,进而带动区域经济间的协调发展。

(二)负向效应下市场竞争对区域经济协调发展的影响

市场失灵是任何区域的市场都无法规避的问题,特别是市场机制并不完善的后发省份,其市场对区域资源的配置作用相对较弱,甚至出现资源配置无效率的情况,这就造成了区域间市场竞争对区域经济协调发展的短期负向效应。

1. 市场竞争引致的市场化程度差距扩大,不利于区域经济协调发展

在区域间市场竞争不断加剧的情况下,先发省份和后发省份的市场化程度差距在不断扩大。在我国,任何省份的市场都包含着以国有企业为代表的国家市场力量和以民营企业为代表的民间市场力量。鉴于地方政府对投资的区域化和政策性控制,国家市场力量中所蕴含的生产要素在区域间的流动性并不强,而民间市场力量中所蕴含的生产要素更具逐利性,在区域间的流动性更强。先发省份市场化程度比后发省份更高,其民间市场力量的作用也相对更强。随着区域间的市场竞争的加剧,后发省份民间市场力量的流失更为严重,国家市场力量在其区域市场中发挥的作用更为显著,这使得后发省份的市场化程度不断下降,先发省份和后发省份的市场化程度差距不断扩大。另外,先发省份国家市场力量在制度层面更加依赖市场机制的作用,而后发省份对市场机制的依赖作用相对较弱,这使得先发省份和后发省份本已存在的市场化程度差距更大。

（1）市场化程度差距的扩大弱化了区域间的经济联系。后发省份较低的市场化程度、不完善的市场环境以及低效率的资源配置机制，降低了其对生产要素的吸引力，阻碍了生产要素"返流"和"外溢"效应的发挥，进而不利于区域经济联系的加强。同时，后发省份民间市场力量的流失，带动了该区域生产要素的外流，形成了一种单向的要素流动趋势，这弱化了经济联系的双向互动作用。

（2）市场化程度差距的扩大加剧了区域间的经济差距。市场化进程的推进提高了区域资源配置效率和微观经济效率，进而推动了区域经济的快速增长。市场化程度在区域间的不平衡，使得其作用下的区域经济增长也呈现出了较大的差异。同时，由于市场化程度低的劣势，后发省份各要素主体进行要素投入的交易成本要高于先发省份，这不仅减少了后发省份的生产要素投入量，降低了后发省份生产要素的收益率，而且提升了先发省份的生产要素充裕度和质量，进而使得在生产要素数量和质量上先发省份和后发省份之间的差距进一步扩大，最终使得后发省份经济发展水平受到极大限制，先发省份的经济发展获得更为有利的市场要素条件，区域间的经济差距也在逐步扩大。

（3）市场化程度差距的扩大不利于区域间的经济增长的差异收敛。市场化程度差距的扩大，从市场机制层面加剧了区域间的分割，区域间的资源配置无法通过市场手段实现，这使得区域间的经济增长呈现出了"两极分化"的趋势。同时，区域间资源配置无效率使得本可实现的经济成分转移（如产业转移等）不能及时实现，区域间的合理分工也不能及时形成，不利于区域经济增长的差异收敛。在边际报酬递减的经济规律作用下，先发省份的一些经济成分（如传统产业）会在市场机制作用下向后发省份转移。然而，市场化程度差距的扩大使得这一转移现象不能及时地或符合区位优势地得以实现。

另外，后发省份市场环境的劣势地位降低了区域生产要素对区域经济增长的促进作用，同时也使得本就迟滞的经济成分转移遭遇更大困难，这对区域经济增长差异收敛形成了更大的障碍。后发省份不完善的市场资源配置机制使得该区域市场规模效应得不到充分的发挥，区域间的经济增长差异也就更加显著。

2. 市场竞争机制下的市场失灵对区域经济协调发展的负向影响

市场失灵指市场无法有效率地进行资源配置的情况。市场失灵主要表现为以下七个方面。①外部性问题，市场主体的逐利行为导致其他市场主体或其他社会领域的损失（负外部性）；②公共产品问题，区域间市场竞争易于造成诸如"公共地悲剧"等问题；③竞争失灵问题，恶性竞争会引致社会资源浪费；

④收入公平分配问题,在政府不干预的情况下容易形成区域间的收入不公平;⑤经济周期性问题,市场机制无法避免经济周期和经济危机的"魔咒";⑥信息不完全问题,信息不完全是阻碍生产要素在区域间合理分配的重要因素;⑦市场不完全问题,市场无法实现政府的职能。

市场竞争机制下的失灵现象,不仅阻碍了生产要素(或经济成分)在区域间的合理配置,而且容易出现整体经济损失、区域经济浪费、区域收入分配不公等问题,这不利于实现区域间的经济合理分工,对区域经济协调发展造成了负向影响。同时,市场失灵引致了区域间经济运行交易成本的上升,特别是对于市场机制并不完善的后发省份,交易成本的上升不利于区域经济的发展。而政府的合理干预是弥补市场失灵缺陷的重要手段。

(三)市场竞争影响区域经济协调发展的结论

(1)市场竞争对区域经济协调发展产生短期的负向影响。在当前不均衡的经济格局下,市场竞争会在短期内扩大区域间的市场化程度差距,进而弱化区域间的经济联系,加剧区域间的经济差距,不利于区域间经济增长的收敛。同时,在我国后发省份市场机制并不成熟的经济环境下,市场竞争容易引起区域间的市场资源配置失灵现象,阻碍了生产要素(或经济成分)在区域间的合理配置,不利于区域经济协调发展。

(2)市场竞争对区域经济协调发展产生长期的正向影响。就长期而言,通过要素"返流"和"外溢"、要素相对价格(报酬)均等化、区域经济结构演变、区域间的合理分工和区位比较优势充分发挥等市场机制,市场竞争调整不同层次生产要素在不同区域间的配置,进而加强区域间经济联系、缩小区域间经济差距、促进区域间经济增长差异收敛。

四、双重竞争机制约束下的区域经济协调发展

分析双重竞争机制约束下的区域经济协调发展,需要回答两个主要问题:其一,在不同经济区域(先发省份或后发省份),哪类竞争机制(政府竞争或市场竞争)对区域经济协调发展的积极作用更为显著;其二,在政府竞争(或市场竞争)的约束下,市场竞争(或政府竞争)对区域经济协调发展的影响路径会产生怎样的改变。

（一）区域异质性视角下政府竞争和市场竞争的效应比较分析

1. 区域经济协调发展中政府和市场的角色定位和相互关系

在我国区域经济协调发展的演化进程中，市场充当着"运动员"的角色，而政府既充当着"运动员"的角色，又充当着"裁判员"的角色。市场在资源配置过程中起到基础性作用，区域经济协调发展的过程也是区域市场机制演进和区域间市场要素配置的过程。政府虽然无法直接干预区域间的市场要素配置，同时也无法取代市场机制在区域经济发展中的作用，但国有资本作为市场中的国家力量在区域经济发展中起到了举足轻重的作用，故可以说政府充当着"运动员"的角色。然而，政府作为市场的监督者和管理者，其在区域经济发展中更多的是充当着"裁判员"的角色。

市场机制可以通过其资源配置功能推动区域经济的协调发展，但也会在市场化程度差距较大的条件制约下出现对区域经济协调发展的"市场失灵"。随着我国市场化程度的不断推进，依据各经济区域的区位比较优势，市场机制可以有效地进行合理资源配置。资源配置的内容既包括资本、劳动和技术等可流动性生产要素，也包括诸如传统产业和新型产业的不同层次经济成分。合理的资源配置使得我国区域经济格局逐步合理化，进而推动区域间经济的协调发展。然而，当前我国区域市场化程度差距依然较大，先发省份市场机制在资源配置上的积极作用更为显著，后发省份市场机制相对并不完善，其对经济的拉动作用并不显著。较大差距的市场化程度，使得先发省份和后发省份无法实现市场机制的有效衔接，容易形成区域间经济关系的"市场失灵"现象。市场失灵的主要表现：①在生产要素相对价格差距扩大的作用下市场要素在区域间形成过度集聚的格局，不利于市场对区域间要素配置作用的发挥；②市场机制的不完善和市场信息的不完全，提升了区域间的市场壁垒，造成了区域经济差距两极分化现象的加剧；③市场机制不完善引致的市场运作不规范，使得区域间的市场恶性竞争加剧，进而导致市场资源浪费和市场资源配置无效率，不利于区域间经济的协调发展。

政府可以有效地通过其宏观调控手段弥补市场失灵的不利影响，但政府对市场的不当干预或过度干预会强化区域间的经济壁垒，不利于区域间的经济协调。引致区域间市场失灵的原因主要有两点：一是市场机制本身所存在的缺陷和制度层面下的盲目性，二是区域经济市场机制禀赋差异。在市场无效率的情况下，政府成为调整区域间经济关系、改变区域市场运作机制的重要力量。政府弥补区域间市场失灵的主要路径包括以下三个方面。其一，政府通过其市干预手段，缩小区域间生产要素相对价格的差距，促进生产要素在区域间的合理配置；其二，在中央政府的约束下地方政府通过合作等途径，打破区域间的市场壁垒，强化区域间的经济联系，促进区域间的市场融合；其三，政府通过制度创新和优化等途径，带动区域间市场化程度的衔接，规范市场化运作机制，促进区域间的经济协调。

然而，政府对市场的不当干预和过度干预，不仅不能弥补区域间的市场失灵现象，还会加剧区域间的经济不平衡发展，其具体表现：其一，行政力量的过度干预（如地方保护主义），导致政府边界对市场边界的取代，这虽然可以为本区域内经济发展添加短期动力，但阻碍了区域间的市场融合，扩大了区域间的经济差距；其二，区域间的合作更多地倾向于对政策需求的考虑，而忽视了区位比较优势的发挥，市场作用机制的积极效应被限制；其三，恶性政府竞争加剧了区域间市场竞争的负向经济效应。

2. 先发省份政府竞争和市场竞争的经济效应比较分析

相对于后发省份而言，先发省份的优势主要体现在：一方面，经济总量相对较高，资本、劳动、技术等生产要素具备禀赋优势；另一方面，市场化程度较高，市场运作机制更完善，政府对市场的干预程度和方式更加合理。

规范的市场制度、完善的市场调节功能和较高的市场化程度，使得先发省份区域内的市场机制可以更合理地进行资源配置。在合理资源配置作用下，先发省份的市场竞争行为对区域经济协调发展产生正向效应。其一，先发省份的市场竞争加速了不同层次生产要素的"扬"和"弃"。"弃"是经济结构优化过程中低层次生产要素的外流，"扬"是市场主体对高层次生产要素的保留。这为后发省份吸引生产要素创造了条件，有利于缩小先发省份和后发省份的经济差距。与要素外流相伴而生的要素外溢，加强了区域间的经济联系。其二，先发省份的市场竞争使得其传统产业不断向后发省份转移。在政府产业政策和要素使用成本的作用下，我国中西部地区不断承接东部地区的转移产业，进而带动经济结构方面的区域合理分工。其三，先发省份市场竞争逐步实现其生产要素相对价格（报酬）与后发省份的均等化。在原有禀赋下，先发省份的生产要素相对价格（报酬）较高，要素集聚程度也在进一步扩大。在市场机制的作用下，先发省份的要素市场成本在不断提升，其生产要素相对价格（报酬）在逐步下降，并与后发省份呈现出均等化的趋势，拉动了区域间的经济协调发展。其四，先发省份的市场信息完全化程度更高，在要素配置过程中市场竞争的正向效应相对更显著。

在政府职能方面，先发省份地方政府对市场的干预程度和干预方式更为合理，这使得其政府竞争行为对区域经济协调发展产生正向影响。其一，先发省份的高层次人才引进政策和新型产业投资吸引政策，配合并加速了市场机制区域间资源的合理配置。其二，先发省份的产业调整政策，在优化区域经济结构的同时，也推动了传统产业向后发省份的转移，为市场竞争积极作用的实现提供了辅助作用。其三，先发省份在经济总量、经济结构及要素禀赋方面的优势使得先发省份地方政府采取地方保护主义策略的意愿更低。其四，先发省份的国家市场力量（国有企业等）更加熟悉市场运作的规则，其作为重要的市场主体对区域间经济协调发展具有重要的正向影响。

就先发省份而言，市场机制依然是调节区域经济运行的主体，政府对市场的干预更为合理和谨慎，这使得先发省份市场竞争的正向效应比政府竞争的正向效应更加显著。

3. 后发省份政府竞争和市场竞争的经济效应比较分析

后发省份政府竞争与市场竞争的经济效应比较，不能仅从政府与市场的角色定位层面进行分析，还需考虑国家市场力量（即国有企业和政府控制的市场投资等）在市场活动中的作用。

市场竞争过程中，与先发省份之间的市场化程度差距加剧了后发省份所面临的要素禀赋不利局面，这使得以生产性财政支出为主要手段的政府竞争可以在后发省份发挥出更为显著的积极作用。目前，我国后发省份面临着要素禀赋不利、生产要素相对价格（报酬）较低、市场机制不完善、市场吸引力不高等问题，这使得后发省份大量市场资本、劳动力、技术等要素流向先发省份，加深了区域间的经济差距。而后发省份地方政府为了改变目前市场所面临的要素禀赋不利、市场资源配置机制不完善的局面，会积极通过其财政行为和政策手段对市场进行干预，这种干预手段虽然有可能引致政府间的恶性竞争，但其对区域经济协调发展的作用比市场机制更为显著。

国有企业对市场活动的参与程度扩大使得市场竞争的经济效应弱化。后发省份国有企业对市场活动的参与程度扩大涵盖了两个特质。一是后发省份国有企业自身所具备的"市场"特征被其所具备的"政府"特征所挤占。由于国有企业的投资者和决策者是政府，故其"政府"特征是无法避免的，若其"政府"特征过多地挤占了其作为一个市场主体的"市场"特征，则市场机制对它的约束力也会相应下降。二是后发省份市场要素的流失使得国有企业在市场运作中的影响力不断扩大，此时国有企业的"政府"特征削弱了市场机制的区域经济效应。因此，服从于政府竞争态势的国有企业使得政府竞争的经济效应显著强于市场竞争的经济效应。

后发省份所面临的"大政府，小市场"局面使得市场企业在决策过程中更多地受到了政府的干扰，而基于市场资源配置作用的经济活动机制受到了极大的限制，这也使得后发省份政府竞争经济效应比市场竞争经济效应更为显著。

综上所述，在后发省份，政府竞争对区域经济协调发展的影响更加显著，而对市场竞争的影响相对较弱。

（二）政府竞争与市场竞争影响区域经济协调发展的相互约束机制

政府和市场之间存在动态的相互作用，政府竞争对市场竞争的经济效应会产生一定的影响，同样，市场竞争也会影响政府竞争的经济效应。那么，政府竞争和市场竞争之间的相互约束机制是怎样的呢？下面将要深入讨论这个问题。

1. 市场竞争约束下政府竞争对区域经济协调发展的影响

（1）市场竞争的正向效应优化了政府竞争对区域经济协调发展的积极影响。市场竞争的正向效应表现为通过市场的资源配置机制实现生产要素的"返流"和"外溢"、生产要素相对价格（报酬）均等化、产业结构在区域间的合理配置、区域间的合理分工以及区位比较优势的充分发挥等。

第一，生产要素"返流"和"外溢"机制的优化为生产要素流动视角下政府竞争积极效应的发挥提供了更好的前提和支持。提升区域生产要素吸引力是地方政府实施政府竞争行为的主要出发点之一，要素"返流"和"外溢"机制的优化为后发省份政府吸引要素流入提供了渠道、添加了动力，同时也为先发省份政府的生产要素结构性调整提供了帮助。"外溢"机制带来的知识外部性转移使得后发省份地方政府可以积极地吸纳先发省份的经济治理经验，进而优化政府对市场的干预程度和干预方式，提升政府竞争的正向效应，从而更好地促进区域经济协调发展。

第二，生产要素相对价格（报酬）均等化提升了后发省份地方政府生产性财政支出的积极效应。生产要素相对价格（报酬）的均等化，使得先发省份的生产要素相对价格（报酬）不再具有优势，一些迫于成本压力的资本和劳动要素开始向后发省份转移，而后发省份的成本优势逐渐显现出来。此时，后发省份地方政府的招商引资、人才和技术引进等措施的效率得到了提升，区域间的经济差距不断缩小，政府竞争对区域经济协调发展的积极影响得到优化。

第三，产业结构在区域间的承接转移为后发省份产业结构调整政策提供了动力。区域产业结构政策是政府竞争的重要组成部分，产业转移一方面避免了后发省份政府竞争过程中"模仿"先发省份而形成的重复建设等问题，另一方面也为后发省份产业政策落地提供了支持。这两方面影响为产业层面的政府竞争行为正效应的发挥提供了动力，同时也有利于后发省份经济结构优化、区域生产要素的合理配置。

第四，区域间的合理分工以及区位比较优势发挥可以为地方政府制定区域经济发展策略提供参考。这一因素加强了政府竞争积极影响的发挥，若地方政府能因地制宜地进行经济决策，区域间的经济合作和联系会不断加强。然而，若地方政府对市场的干预不是以区域经济特征为依据的，片面地用政府边界代替市场边界会引起相反的效果。

（2）市场竞争的负向效应加剧了政府竞争对区域经济协调发展的消极影响。市场竞争的负向效应表现为市场竞争引致的区域间市场化程度差距扩大、市场竞争机制下的市场失灵等现象。

第一，区域间市场化程度差距的扩大减弱了政府机制在区域间的经济协调作用。一方面，区域间市场化程度差距的扩大使得市场竞争机制对后发省份的冲击更大，这也迫使后发省份地方政府采取更为强化的地方保护主义策略，进而使得政府竞争的负向效应扩大。另一方面，区域间市场化程度差距的扩大使得区域之间不能有效地进行市场衔接，加剧了区域间的信息不完全，后发省份政府不能根据其自身经济比较优势制定区域经济发展战略，容易导致产业同构、重复建设、产能过剩等现象。

第二，区域市场机制失灵加剧了地方政府间的恶性竞争和财政支出结构偏离。市场失灵使得政府机制成了地方政府的"救命稻草"，后发省份的经济运行更加依赖政府，市场的资源配置作用被严重低估，政府边界替代了市场边界。政府作用的不合理高估会加剧地方政府之间的恶性竞争，容易造成地方政府财政支出的结构性偏离，使得政府决策的短视性加剧。

第三，在先发省份的生产要素和产业向后发省份转移过程中，后发省份地方政府为了抢夺稀缺的生产要素和产业资源，会加强彼此之间的政府竞争程度，从而放大了区域间政府竞争的负向效应。

第四，在市场机制缺乏效率的情况下，政府竞争对区域经济协调发展的影响更加显著，但这种显著性是正向的还是负向的便由政府竞争的正负效应博弈所决定。

关于我国目前市场竞争对政府竞争的整体影响，本书将在后续的实证部分中进行讨论。需要说明的是,有两个概念必须澄清,"市场竞争对政府竞争的影响"与"市场竞争对'政府竞争影响区域经济协调发展'的影响"是不同的。

2. 政府竞争约束下市场竞争对区域经济协调发展的影响

(1)政府竞争的正向效应优化了市场竞争对区域经济协调发展的积极影响。政府竞争的正向效应主要表现为生产性财政支出对生产要素吸引力提升、经济发展环境优化、经济结构性转移、制度创新和优化等方面。

第一,合理的政府竞争行为加速了先发省份生产要素和经济成分向后发省份的流入,同时也为先发省份的生产要素结构和产业结构调整提供了政策支持。一直以来,后发省份地方政府为招商引资、人才和技术引进提供了诸多的政策支持,包括投资落地政策优惠、基础设施建设、人才引进配套政策、科技孵化政策等,这些政府竞争行为使得迫于成本压力和经济结构调整需要不断流出先发省份的生产要素和产业投资加速了向后发省份的流入的步伐。而对于先发省份而言,其政策导向强化了对高层次生产要素的需求、保障了新型产业的投资增长,这有利于优化先发省份市场的要素合理配置机制,加快产业结构调整的步伐。

第二,合理的政府竞争为市场竞争机制的优化提供了政策引导和制度保障。一方面,在中央政府的约束下区域地方政府之间制定相关的区域间经济发展政策弥补区域间市场失灵引致的消极效果,引导区域间的市场机制朝着正确的方向演进。另一方面,合理的政府竞争行为为区域内市场化和市场机制改革提供了制度保障。另外,合理的制度供给,可以有效地缩小非正式制度在地区间的禀赋差异,削弱非正式制度的歧视性,进而促进区域经济协调发展。

(2)政府竞争的负向效应加剧了市场竞争对区域经济协调发展的消极影响。政府竞争的负向效应主要表现为政府间过度竞争引致的产业同构、地方保护主义、恶性竞争和财政支出结构偏离等现象。

第一,过度的政府竞争行为导致市场竞争机制缺乏效率。在政府和市场两大主体中,政府的主动性比较强,而市场更多的是依赖自发性。过度的政府竞争行为极易对市场的作用机制产生不利的影响。以产业调整为例,若地方政府倡导的产业政策不符合区域经济特点,便会造成区域经济资源的浪费,同时还不利于生产要素在区域间的合理配置。

第二,政府的地方保护主义行为阻碍了区域间的市场融合。市场竞争虽然会给后发省份带来冲击,但也加速了区域间的市场融合,为市场资源配置提供条件。政府的地方保护主义行为在短期内避免了市场竞争对区域经济发展的冲击，却使得区域间的市场融合和市场机制优化错失良机。

第三，在政府职能缺失的情况下市场竞争对区域经济协调发展的影响更加显著。需要说明的是，市场竞争会影响政府竞争的变化，但政府竞争并不会造成市场竞争的变化，且政府竞争对区域经济协调发展的负向效应会对市场竞争影响区域经济协调发展的路径产生影响。为什么政府竞争不会影响市场竞争的变化？因为政府的主动性较强，其可以根据对市场竞争形势的判断进行政府决策。然而，市场竞争是自发性的行为，政府竞争可以加速或减缓目前我国的市场竞争，但不能转变市场竞争路径。

五、结论

本节在对区域间政府竞争、市场竞争以及区域间经济协调发展进行内涵界定的基础上，分别从正负效应两个方面讨论了政府竞争、市场竞争对区域经济协调发展的影响，并在区域异质性视角下对政府竞争和市场竞争的正负效应进行比较分析，进而阐释政府竞争和市场竞争对区域经济协调发展的影响。本节得出如下结论。

（1）区域间的政府竞争指地方政府在政治晋升和行政性分权框架下为推动本区域经济的发展通过财政支出结构调整等行政手段实施的竞争行为。区域间的市场竞争指以企业为主要代表的经济活动主体通过其市场行为引导生产要素在区域间的配置进而在生产要素层面获取比较优势，以提升地区市场利润空间的竞争行为。区域间经济协调发展指这样一个区域经济格局演变趋势，在该趋势中区域间的经济联系程度不断加强、区域间的经济差距在合理区间内不断缩小、区域间的经济增长差异不断收敛，并最终形成区域间协调的经济发展格局。

（2）政府竞争对区域经济协调发展的影响路径是正负双向效应的博弈结果。适度的地方政府竞争有利于推动区域经济协调发展，而过度的地方政府竞争是不利于区域经济协调发展的。政府竞争的正向效应表现在生产性财政支出作用下区域间生产要素的结构性配置、经济发展环境优化、区域经济结构性转移、制度创新和优化等方面。政府竞争的负向效应表现为政府间过度竞争引致的产业同构、地方保护主义、恶性竞争和财政支出结构偏离等现象。

（3）市场竞争在资源配置上的双向效应形成了其对区域经济协调发展的影响路径。市场竞争对区域经济协调发展的短期效应是负向的，而长期效应是正向的。市场竞争的正向效应表现在要素"返流"和"外溢"机制、要素相对价格均等化、区域间产业结构配置、区域合理分工以及区位比较优势充分发挥等方面。市场竞争的负向效应主要表现在区域间市场化程度差距扩大以及市场竞争机制下的市场失灵等方面。

（4）市场竞争的正向效应优化了政府竞争对区域经济协调发展的积极影响，市场竞争的负向效应加剧了政府竞争对区域经济协调发展的消极影响。政府竞争的正向效应优化了市场竞争对区域经济协调发展的积极影响，政府竞争的负向效应加剧了市场竞争对区域经济协调发展的消极影响。在市场机制缺乏效率的情况下政府竞争对区域经济协调发展的影响更加显著，在政府职能缺失的情况下市场竞争对区域经济协调发展的影响更加显著。

第四章 区域经济协调发展问题与测度

第一节 ISSP 指标设计与构建

一、ISSP 指标设计的总体框架

本书认为区域经济协调发展指区域间的经济交往日趋密切、生产要素有序流动、收入分配科学合理、相互联系良性互动、发展差距逐步缩小,以达到各区域经济可持续发展的过程。这种发展包含一定时期内区域各自产品与服务数量的增加,以及各自区域的经济结构、社会结构、分配结构的优化,主要维度为区域经济稳定增长、区域经济结构优化、区域公共服务水平和区域经济发展潜力四个方面。

故在现有研究的基础上,根据本书界定的区域经济协调发展内涵,提出可量化的测度指标体系,包括经济增长、经济结构、公共服务和发展潜力 4 个一级指标、14 个二级指标和 46 个三级指标。将 4 个一级指标的关键词英文首字母综合在一起其可称为 ISSP 指标,并将三级指标确定为"以人均指标为主体、总量指标为辅助",以保证测度的准确性与可比性。

二、ISSP 指标设计的基本思路

在 ISSP 一级指标下,具体构建 14 个二级指标和 46 个三级指标,其基本思路如下所示。

1. 经济增长

经济发展需要兼具"好"和"快"。"快"主要体现为经济体量的增加。经济增长依靠投资、消费和外贸宏观经济"三驾马车"拉动,故在经济增长指

标下设立以下二级指标。投资指标,如人均财政支出数量、固定资产投资完成额等;消费指标,如城镇居民消费水平、农村居民消费水平等;外贸收支指标,如人均进出口额、人均顺差额等。

2. 经济结构

经济发展的"好"主要体现为优化的经济结构,包括行业均衡发展、基础设施完备及居民小康,故其作为经济结构的3个二级指标,并设立三级指标10个。行业发展水平中三大产业的GDP占比可反映一个区域产业发展的均衡程度;一个地区的交通、邮政、互联网等建设情况,可直观地反映基础设施的完备情况;人均GDP、人均工资和私人汽车拥有量,可直观地反映居民的经济状况。

3. 公共服务

地区的公共服务状况指其公共事业发展状况,涉及一个社会的综合发展水平。此一级指标下设立6个二级指标和18个三级指标。其中,文化发展水平通过报刊、广电、文艺和图书馆等指标进行测度,科技发展水平则通过技术成交额和有效专利数量体现,教育发展水平凭借教育经费和高校数量来反映,基础卫生水平下的3个三级指标则侧重于居民医疗待遇,社会保险下选取最基础的医疗、失业和工伤等数据,就业情况则选择相关企业的就业数据。

4. 发展潜力

发展潜力是地区资源数量和可持续发展水平的体现。在2项二级指标和12项三级指标中,资源储备情况用煤炭、石油、天然气、铁矿、森林、水和耕地等自然资源的相关数据体现,可持续发展水平通过环保相关数据体现。

需要强调的是在设计ISSP指标体系时,一些重要的指标如土地承载力等,由于数据搜集和处理的难度,它们未能纳入该体系中。

三、ISSP指标体系构建

为使指标权重更加客观,下面通过因子分析法提取各项指标的主要成分,并根据各成分的累计方差贡献度和指标在成分中的得分来确定其权重。在运用因子分析法时,可运用最大方差法旋转数据。设置最大迭代收敛次数为25次,在25次迭代后达到收敛。通过主成分分析法得出三个主要成分。

第二节　区域经济协调发展存在的问题

一、经济增长缓慢

区域间的数据经过一系列的数据标准化操作、赋予权重之后，已经具有指标间的可比性。在此基础上，区域经济发展的协调性等价于数据的相关性，故相关性与协调性的发展趋势一致，区域间数据的相关性可以作为一个参数使得区域间的经济差异被量化。指标间数值的差异代表着区域发展存在的问题。基于 ISSP 指标体系对四大区域进行测度，笔者对区域间经济增长数据进行参数性皮尔逊相关性检验和非参数性的普德尔等级和斯皮尔曼等级相关性检验，进而得出相关性检验的结果。

根据经济发展的定义，经济发展主要包含两个部分，即经济增长和经济结构。后发区域的经济增长和经济结构皆不如先发地区，经济整体发展水平落后。

中西部、东北地区与东部地区相比，经济增长的速度缓慢。由基于 ISSP 指标体系的测度结果可以看出，皮尔逊相关性检验下，中部地区的经济增长为东部地区的 0.902 倍，西部地区的为东部地区的 0.969 倍，而东部地区的为东北地区的 0.556 倍；在非参数性的肯德尔等级和斯皮尔曼等级相关性检验中，西部地区的数据仅为东部地区的 0.733 倍和 0.829 倍。相关性系数意味着区域之间的经济协调程度，其数值越趋向于 1，协调性越高；反之则越低。从该结果看，中西部地区的经济增长速度的均值为东部的 0.89 倍，而东北地区则与东部地区的发展趋势相悖。

二、经济结构不合理

基于 ISSP 指标体系的测度，从区域间经济结构方面的相关性检验结果来看，皮尔逊相关性检验下，中部地区的经济结构水平为东部地区的 0.814 倍，西部地区为东部地区的 0.810 倍，而东北地区则为东部地区的 0.841 倍；在非参数性的肯德尔等级和斯皮尔曼等级相关性检验中，中部地区的数据为东部地区的 0.6 倍和 0.771 倍，西部地区的数据为东部地区的 0.702 倍和 0.856 倍，而东北地区为东部地区的 0.733 倍和 0.886 倍。从该结果看，整个后发区域的均值为 0.758，落后于东部地区。

三、公共服务水平较低

基于 ISSP 指标体系的测度，从区域间公共服务方面的相关性检验结果可以得出，区域公共服务方面，虽然参数性的检验中我国四大区域的相关程度皆高，但是在非参数性的检验中，我国的西部地区与东北地区的相关程度较低。非参数性的肯德尔等级和斯皮尔曼等级相关性检验中，后发地区的数据仅为东部地区的 0.46 倍和 0.58 倍，西部地区和东北地区的数据之和仅为东部地区的 0.33 倍和 0.42 倍。西部地区和东北地区的公共服务水平低下，与先发地区的公共服务之间具有巨大的差距；中部地区的公共服务发展好于西部地区和东北地区，但与东部地区仍有不小的差距。

第三节　区域经济协调发展的问题成因

一、经济增长缺乏内生动力

在经济增长方面，后发地区落后于先发地区，尤其是东北地区，已经与其他三个区域的发展趋势相反，说明东北地区在经济增长方面存在显著问题。故笔者将东北地区经济增长方面的数据与基准数据求差值，以观察何种指标造成了相关性的低下。

东北地区经济增长落后的原因是政府投资规模的锐减使得其与其他区域在经济增长方面呈相反的趋势。

从东北地区的缺乏政府投资而导致的断崖式经济衰退可以得出，东北地区缺乏经济增长的内生动力。而中部地区和西部地区虽然没有出现断崖式经济衰退，但是与东部地区的差异表明其经济增长内生动力并不强劲。经济增长乏力是多方面原因造成的，但其核心原因归于各项体制、机制障碍使得区域内的经济因素难以形成合力，市场配置资源的职能受到限制。市场力量的有限降低了资源的配置效率，产生了很大的浪费。同时，市场作为劳动与回报的评价机制其有限的评价作用使得劳动与回报并不对等，降低了工资的激励作用，工人的工作效率大大降低。

对于我国的后发区域即中西部地区和东北地区，市场未充分发育的现象是现实存在的。由于市场化改革的迟缓和许多计划经济下所遗留的体制机制障碍，我国的后发区域的市场很难在资源配置中起到决定性的作用。政府越位、产权制度漏洞，使市场一直发育不充分。

二、中央财政支持力度薄弱

我国后发区域经济结构落后的根源在于中央政府的财政支持力度小。从测度的结果来看，中西部地区和东北地区的经济结构评分仅仅为东部地区的60%—80%，说明中西部地区和东北地区的经济结构全面落后于东部地区。我国的后发区域和先发区域在经济结构方面的差距主要集中在基础设施建设、居民经济水平和第三产业发展三个方面。在以上三者之中，居民经济水平和第三产业发展实际上是经济发展水平的体现，其评分较低是经济结构落后的表现。经济水平提升时，必然带来产业转型和更新换代，第三产业自然发展，同时居民也会更加富裕。基础设施建设评分较低，是地方政府财政收入有限导致的。地方政府的财政收入有限，必然难以建设公共基础设施，基础设施发展水平也必然落后。

对比东部地区的发展，后发地区由于缺乏有力的财政支持，导致经济结构的整体落后。从工业革命的历史来看，资本支持是产业转型的必要条件，在不平衡发展战略背景下，我国的发展重点是东部地区，其获得了大量的财政资金、政策和条件支持，取得了巨大的发展。中西部地区和东北地区则因为缺乏国家的财政支持，而在发展上落后于东部地区。由于产业的落后，财政收入减少，这样基础设施建设必然落后。加之经济增长缓慢，居民的经济水平必然不高。这样的连锁反应的根源就是国家在改革开放前期重点发展东部地区，其他地区得不到国家财政的全力支持，缺乏发展必要的资金、政策和条件，最终导致了经济结构的落后。

三、公共服务资金投入不足

在公共服务方面，西部地区在科技、教育、社会保险和社会就业方面与东部地区差距较大，东北地区主要在科技、社会保险和社会就业方面与东部地区差距较大。

（1）科技方面。东北地区与西部地区在科技方面落后体现在其企业和个人的专利申请数量远远低于东部地区。企业的专利申请数量少代表当地企业中高科技企业少，其多为科技含量较低的劳动密集型企业。个人的专利申请数量少代表了当地的科研环境较差，科技需求低。

（2）教育方面。西部地区的教育水平低体现在人均高校数量低于东部地区，说明其高校建设能力和教育投入水平低。

（3）社会保险方面。社会保险水平低体现在其失业与工伤保险的参保人数少。该保险为城镇社会保险，参保人数少代表其城镇工作人员数量少，背后是其第二、第三产业的发展水平低。

（4）就业方面。就业方面水平低代表东北地区与西部地区的就业形势差于东部地区，劳动力在该地难以充分就业。

科技、教育、社会保险和就业的落后，是区域公共事业和公共服务水平低下的体现，公共服务资金投入的不足导致了该问题。从政府职能来看，发展科教文卫等公共事业是政府的职能，这些公共事业很难通过市场自然孵化，需要政府的主动发展。在不平衡发展的背景下，重点发展的是东部地区的公共事业，中西部地区和东北地区的公共服务并非国家发展公共服务的重点，国家的资金和政策相应就不如东部地区，故后发地区公共事业的落后是由国家在后发区域的投资与支持不足决定的。

四、资源开发利用机制落后

从发展潜力的角度可以得出，区域间发展潜力方面四大区域之间相关性高意味着在发展潜力方面它们的发展潜力水平趋同，中西部地区和东北地区都具有较大的发展潜力。然而，如此巨大发展潜力并没有取得相应的经济成果是值得玩味的。国家的重点发展促使东部地区经济发展水平高，但需要直面的问题是，为何后发区域守着巨大的发展潜力却没有发育出独特的发展优势。在缺乏有效的资源开发机制下，资源的开发与运用充满了短期性，这必然难以形成良性的经济优势。中西部地区和东北地区中，不乏能源型省份，然而，这些省份的能源开采与交易多采用粗放的生产交易方式，既缺乏相关的开发规划，也缺乏相关的政策与法律保护，最终使得巨大的发展潜力未得到充分运用。

缺乏有效的资源长远开发机制，是由落后的产业结构和粗放型生产方式决定的。缺乏有效性表现为资源的开发率和商品化的程度低，存在许多浪费现象；非长远性则体现了当前开发的非可持续性，以生态与环境为代价谋求发展实惠。以环境为代价的低效率发展方式使得后发区域不但没有发挥出其经济优势，还遭受恶劣环境的摧残，可谓"人地皆失"。

第四节 区域经济的差距测度

一、区域经济差距的概念

（一）差距的概念

差距指被比较对象之间在某个方面或在总体上的差别程度，特指距离某种标准的差别程度。严格地说，差距与差异的概念稍有不同，两者既有相同之处，也有相异之处。相同之处在于两者都是说明事物的差别程度；不同之处在于，差异着重对事物之间不一致性的质的确定，而差距着重对事物之间不一致性的量的反映。

（二）区域差距的概念和种类

区域差距指一区域与另一区域之间在某个方面或在总体上的差别程度。它是影响区域经济发展以及整个国家经济发展的最基本因素之一，也是区域之间竞争与合作的基础。在区域之间，由于种种因素影响，差距是客观存在的，没有差距，也就没有优势。从某种程度上来说，如果没有区域之间的差距，也就无须区域之间进行统计测度。区域差距的种类有以下几种。

1. 自然环境的差距

它指区域之间在地理位置、气候、地质地貌、土壤、植被、地下矿藏、水流本质、森林资源等方面的差距。自然环境的差距对区域发展有着深刻而长远的影响。

2. 社会人文环境的差距

它指区域之间在人口数量、人口素质、人口密度、风土人情、文化信仰、历史文化传统、社会发育程度等方面的差距。社会人文环境的差距对区域的形成以及发展有着广泛的影响。

3. 经济环境的差距

它指区域之间在劳动力、资金、技术要素，生产发展水平与规模，产业结构与产业组织状况，市场容量与发育程度，生产成本与生产效率等方面的差距。经济环境的差距是影响区域发展最重要的因素。

4. 政策导向的差距

它指国家或地区为了一定时期的政治、经济和军事目的，在不同区域实施政策倾斜的差距。国家在各区域的政策导向对各区域的发展起着至关重要的推动或阻碍作用。

（三）区域经济差距

区域经济差距主要指经济环境的差距。经济环境的差距除了与区域之间的劳动力、资金、技术要素，生产发展水平与规模，产业结构与产业组织状况，市场容量与发育程度，生产成本与生产效率等方面内在要素密切相关外，与自然环境、社会人文环境和政策导向的差距也密切相关。因此，我们在研究区域经济差距问题时，要紧密结合其他相关因素进行分析，才能较全面、客观、系统和准确地评价区域经济差距的现状、问题和发展趋势，只有这样才能有针对性地采取一系列强有力的措施，缩小区域之间的经济差距。

我国是一个幅员辽阔、人口众多的发展中国家。在我国，由于东、西、南、北、中客观上存在着自然环境、社会人文环境的差距，加上中华人民共和国成立以来区域经济建设政策导向的差异，使得原来较大的区域经济差距进一步拉大。有的发达地区已步入现代化行列，有些贫困地区的居民生活仍然要依靠国家财政补助，仅仅维持温饱水平。如果对这种差距不加以研究，并针对问题采取必要的措施，随着经济增长速度的加快，这种区域间的经济差距仍会继续加大，其结果不仅影响到居民的经济生活水平，也会影响到区域间的协调发展，甚至影响到社会和政治的稳定。

二、区域经济的差距测度方法

区域经济差距的测度，在统计等中主要有绝对差距、相对差距、综合差距等方法。

（一）绝对差距

绝对差距指总体各单位某变量值与标准值之间绝对离差的程度。在统计学中，测度变量值之间绝对差距程度的指标有全距、四分位距、平均差和标准差四种。

1. 全距

它指总体各单位某变量数列的最大值与最小值之差，也叫极差。全距计算简便，意义清楚，但易受极端值的影响。如果统计资料是组距变量数列，尤其是遇到开口组资料时，全距的测定只能是一个近似值。

2. 四分位距

四分位距，指总体各单位某变量数列按大小顺序排列后，上四分位数与下四分位数之差。

四分位距比全距稳定，不受最高值与最低值的影响，但由于只用了上四分位数和下四分位数两个数值，计算结果也不是很精确。

3. 平均差

它指总体各单位某变量值与其算术平均数之差的绝对值的算术平均数。其中根据是否加权，分为简单式与加权式两种。

平均差含义明确，能较全面、客观地反映变量数列标志值变动程度，计算也比较简便。但是，平均差以平均绝对离差的形式来表现，不利于进一步代数运算，因此，在应用中受到一定的限制。

4. 标准差

它指总体各单位某变量值与其算术平均数离差平方的算术平均数的平方根。其中根据是否加权，分为简单式与加权式两种。

标准差用平方的方法消除离差的正负号，它比平均差更能准确地反映变量数列之间的离中程度，符合代数的运算，所以，在统计工作中被广泛运用。但是，标准差与平均差相比，更易受两极数值影响。它在计算过程中经过"三化"（即平方化、平均化和方根化）处理，必然偏离作为差异水平"原型"的平均差。在某些情况下，可能导致方向上的背离，产生与平均差截然相反的错误结论。

（二）相对差距

相对差距指总体各单位某变量值与对比值之间的比值。相对差距实质上就是统计学中的比较相对数。在区域经济中，测度区域之间相对差距的常用指标有相对差、相对极差、不平衡差等。

（1）相对差，指同一时间某一同类现象的指标在不同区域对比的比值。

（2）相对极差，指同一时间同类指标之间，最大值与最小值的比值。

（3）不平衡差，指不发达地区与发达地区不平衡差距比值。其值越大，表明区域之间发展越不平衡。

（三）综合差距

综合差距指总体各单位之间某变量值差距的综合比例。在区域经济综合差距测度中，常用的指标有变异系数、收入平均度系数、洛伦茨曲线、基尼系数等。

1. 变异系数

它指总体各单位某变量值变异程度的相对数,是绝对差距与其平均指标之比,反映某一指标在不同空间的不同水平数列的标志变异程度,或反映某一指标在同一空间的不同时间指标数列的标志变异程度。在区域经济差距测度中,常用的变异系数有两种:一是极差系数;二是标准差系数。

在绝对差距中,全距和标准差都是有计量单位的名数,均用绝对指标反映其标志变异程度。对于不同总体的经济社会现象,由于变异度指标的计量单位不同,不能直接进行对比。即使是同类现象,在平均指标不相同的情况下,也不能直接对比。这是因为标志变异度指标值的大小不仅受总体各单位标志值之间差异程度的影响,还受标志值本身水平高低的影响。例如,甲区域人均 GDP 高于乙区域的,其人均 GDP 的标准差也必然高于后者的。因此,全距和标准差虽能正确地反映标志变异程度的大小,但利用它来比较平均数的代表性是有限的,只有在平均数相等的情况下,才能直接进行比较。在平均数不等的情况下,就不能直接进行比较。这时,必须计算变异系数才能进行比较。

2. 收入平均度系数

它指占人口总数 50% 的低收入人口所得收入的累积百分比和相应组人口累积百分比的比值。

该指标是分析收入分配差异程度的相对指标,当该系数等于 1 时,说明居民收入分配绝对平均;当该系数等于 0 时,说明居民收入分配绝对不平均。实际上,绝对平均与绝对不平均都是不可能出现的,所以,该系数只能在 0 和 1 之间取值,越接近 1 就越平均,越接近 0 就越不平均。因此,该系数是从正方向说明区域之间居民收入分配的差异程度的。

3. 洛伦茨曲线

1905 年,美国统计学家洛伦茨提出了著名的洛伦茨曲线,用以描述社会收入分配差异程度。基本思路:将人口数(或住户数)按收入由低到高顺序排列,以人口累积频率为横坐标,以收入累积频率为纵坐标,建立一个正方形图形,以正方形左下角到右上角的对角线为人口收入分配绝对平均线,以人口累积频率的实际收入累积频率由低到高描绘出一条下凹曲线,即洛伦茨曲线。若洛伦茨曲线与对角直线重合则居民收入分配绝对平均,若洛伦茨曲线与横坐标线重合则居民收入分配绝对不平均。洛伦茨曲线图形意义十分明确,但不便于数学上的精确计算,使用起来具有一定的局限性。

4. 基尼系数

1922年，意大利经济学家、统计学家基尼以洛伦茨曲线为基础，提出了基尼系数，用以衡量社会收入分配差异程度。基尼系数是国际上通用的反映国家（或地区）居民之间收入分配差异程度的指标。它的基本思路是用正方形45°对角线和洛伦茨曲线所围成的面积与45°对角线下三角面积的比值来表示国家（或地区）居民之间收入分配不平等的差异程度。

若基尼系数等于0，说明居民收入分配绝对平均；若基尼系数等于1，说明居民收入分配绝对不平均。一般说来，基尼系数的数值介于0和1之间。

根据国际标准，基尼系数在0.2以下为居民收入分配高度平均；在0.2—0.3为相对平均；在0.3—0.4为比较合理；在0.4以上为差距偏大。

如何准确地计算基尼系数，这是测度社会收入分配公平与差异的一个重要问题。其常用的计算方法有如下几种。

（1）十字交乘法，指求人口累积频率与收入累积频率交叉相乘之差的计算方法。这是计算基尼系数最简单的方法。

（2）切割法，指用矩形和三角形切割面积来计算基尼系数的方法。

（3）指数曲线积分法，指用指数曲线积分来求正方形45°对角线和洛伦茨曲线所围成面积的方法。

（4）二次曲线积分法，指用二次曲线积分来求洛伦茨曲线与正方形底线所围成面积的计算方法。

无论使用哪种计算方法，一般而言，分组数越多，基尼系数值就会越大，结果也越准确。这是因为分组越多，组内差别就能更多地得到反映。从几何图形上看，也就是洛伦茨曲线的连续性越好。因此，在可能的情况下，应当尽量增加观察值。

基尼系数的优点。①能较方便地以一个数值来反映区域之间居民收入分配差异的总体情况；②有一个具有数量界限的测度标准，可较易测度出区域之间居民收入分配所处的状态。

基尼系数的缺点。①不能反映个别区域居民的收入分配变动情况，从基尼系数值本身，无法知道哪个区域的居民收入份额上升或下降了多少。如果两个区域居民的人口比重相同，而收入比重即相对收入地位发生对换，则基尼系数不变。②对低收入区域居民的收入比重的变化不敏感。例如，当从较高收入的区域居民转移1%的收入给收入较低区域居民时，低收入区域居民收入份额变动率一般较大，但这一变化以基尼系数来表示，却往往变动很小。③在国际比较中必须特别注意消除不可比因素。

三、区域经济的偏离测度方法

区域经济偏离的测度，在统计学中可分为偏离份额测度和偏度特征测度两种形式。偏离份额属于绝对数的测度，偏度特征属于相对数的测度。

（一）偏离份额

偏离份额指某区域各部门某变量值在基期的水平上向前发展，到报告期实际达到的水平与应达到的水平之差。1942年这一方法由美国经济学家丹尼尔首先运用在区域经济的比较中，后来邓恩和胡佛等人在应用中做了发展。偏离份额的基本思路：在区域经济的增长总量中，将实际增长量与应实现增长量之差分解为产业结构因素和竞争力因素两个部分，分析这两个因素对经济增长总量的影响份额。

（二）偏离特征

偏离特征指变量值分布的对称程度和尖峭程度。我们知道，在统计学中，总体分布具有三大特征：一是变量值的集中趋势；二是变量值的离中趋势；三是变量值的偏离趋势。通过这三个特征的描述，我们就能掌握总体分布的全部特征。在区域经济的差距测度中，用偏离趋势来描述总体分布特征，能使我们更全面地了解区际差距的总体数据的全部特征。偏离特征有偏度和峰度两种形式。

1. 偏度

偏度指总体中变量值分布的非对称程度。在统计分布数列中，如果次数分布是完全对称的，称为对称分布；如果次数分布不是完全对称的，则称为偏态分布。在区际差距测度中，偏度测度有着重要的作用，其测度方法有以下两种。

（1）皮尔逊偏度系数。该系数由英国统计学家皮尔逊提出，指算术平均数与众数离差对标准差的比值，或平均数与中位数离差的3倍对标准差的比值。皮尔逊偏度系数的数值一般在-3—+3。若总体变量值呈正偏分布，则算术平均数大于众数，该系数为正；若总体变量值呈负偏分布，则算术平均数小于众数，该系数为负；若总体变量值呈钟形的对称分布，则算术平均数等于众数，该系数为0。皮尔逊偏度系数的绝对值越接近于3，总体变量值分布的偏斜程度越大；皮尔逊偏度系数的绝对值越接近于0，总体变量值分布的偏斜程度就越小。

（2）矩测定法。矩测定法指用总体变量值分布的矩来测定变量值分布偏斜程度的方法。当总体变量值为对称分布时，矩测定法偏度系数为0；当总体变量值呈正偏分布时，该系数为正；当总体变量值呈负偏分布时，该系数为负。矩测定法偏度系数的绝对值越大，总体变量值分布的偏斜程度就越大；反之，总体变量值分布的偏斜程度就越小。

2. 峰度

峰度指总体变量值分布的尖峭程度。其特征是某种次数分布的曲线与正态分布曲线相比较，是尖顶，还是平顶，其尖顶或平顶的程度如何。

峰度通常分为三种：尖顶峰度、平顶峰度和正态峰度。尖顶峰度指分布数列的次数比较集中于众数的位置，次数分布曲线较正态分布曲线更为隆起；平顶峰度指分布数列的次数对众数来说比较分散，次数分布曲线较正态分布曲线更为平滑；正态峰度指分布数列的次数完全符合正态分布的规律，其次数分布曲线与正态分布曲线完全相同。

可以证明：如果总体变量值的分布为正态分布，则其峰度系数必然等于3，所以若峰度系数<3，则总体变量值分布密度曲线的峰顶比较平坦；若峰度系数=1.8，则总体变量值分布密度曲线趋向一条水平线，即各组包括相同的次数，分布形态称为矩形分布；若峰度系数<1.8，则总体变量值分布密度曲线为"U"形的。

四、区域经济差距的合理性检验

区域经济差距的合理性检验指用经济理论和统计方法将区域之间差距的合理边界寻找出来，用以指导区域经济的协调发展。在区域经济的发展过程中，区域差距是在所难免的，问题是如何测度这个差距，将差距控制在合理范围内。常用的区域经济差距的合理性检验方法有如下几种。

（一）倒"U"形理论检验

"倒U假设"最早由美国经济学家库兹涅茨提出。1955年，他在美国经济协会的演讲中提出："收入分配不平等的长期趋势可以假设为前工业文明向工业文明过渡的经济增长早期阶段迅速扩大，尔后是短暂的稳定，最后在增长的后期阶段逐渐缩小。"即在经济发展过程中，收入分配差异的长期变动轨迹是"先恶化，后改进"。库兹涅茨的"倒U假设"提出后，在国际上曾引起激烈的争议，但是许多发达国家的工业化过程的道路都证实了"倒U假设"的成立。如美国著名经济学家威廉逊曾对 24 个国家的资料进行分析论证，总结出区域之间差异增长的倒"U"形理论。他认为："在国家经济发展的初级阶段，随着总体经济的增长，区域间差异逐渐扩大，然后差异趋于稳定，当经济进入成熟阶段之后，区域间差异将随着总体经济的增长而逐渐缩小。"

邓小平同志曾对区域经济的发展做过生动的描述："走社会主义道路，就是要逐步实现共同富裕。共同富裕的构想是这样提出的：一部分地区有条件先发展起来，一部分地区发展慢点，先发展起来的地区带动后发展的地区，最终达到共同富裕。"根据倒"U"形理论和邓小平同志讲话的精神，我们可知区域经济差距应控制在合理范围内。

（二）差距警戒线检验

人均 GDP 是测量区域经济差距的重要指标，一般认为区域之间的人均 GDP 相对差应控制在一定范围之内，超出一定范围，则会有严重后果。

根据国际社会的经验数据，区域之间人均 GDP 差距警戒线为 5—6，若人均 GDP 相对差超越该条警戒线，则会导致经济发展迟缓、社会矛盾加剧、不安定因素增加，从而影响政治稳定，甚至爆发区域之间、民族之间的战争。

（三）后起者优势检验

后起者优势指后发展地区因势利导地利用发展的区位差，设法引进先发展地区的先进经验、先进技术和资金、人才等生产要素，结合当地实际情况加以消化、吸收，缩短发展时间，节约发展成本，尽快达到与先进地区同样程度的现代化。后起地区尽管起步晚，但随着时代的进步，经济社会环境的变化，能获得先发展地区所没有的机遇。例如，英国是第一个工业化的国家，随后，德国、美国、日本分别跟上。德国工业化的速度超过英国，美国的速度超过德国，日本的速度又超过美国。这一现象被称为后起者优势或赶超效应。

根据世界银行的测算，在工业化初期，人均收入翻一番的年数，英国从 1780 年至 1838 年，用了 59 年；美国从 1839 年至 1886 年，用了 48 年；日本从 1885 年至 1919 年，用了 35 年；韩国从 1966 年至 1977 年，用了 12 年；我国从 1978 年至 1987 年，用了 10 年。

后起者优势主要包括以下方面。

（1）吸收先发展地区的成功经验，接受先发展地区的失败教训，少走弯路。

（2）学习、掌握和运用现代最先进的科学技术，及时装备自己，可以与先发展地区站在同一起跑线上向前发展。由于后起地区陈旧设备较少、负担较轻，可以轻装前进，更易接受先进设备和先进技术。

（3）后发制人，发挥自身的比较优势，在平等竞争中寻找突破口，促进本地区经济迅速发展。由于后起地区（或国家）在劳动力、土地等方面资源相对丰富，价格相对低廉，与先发展地区相比，具有比较优势。

（4）对一个地区来说，后起地区可以得到国家宏观调控的积极支持，并可得到先发展地区在人、财、物和技术上的支援。

衡量后起者优势的方法有两种：一是以同一发展阶段来衡量，后起地区要用比先发展地区更短的时间走完相同的经济发展阶段的路程；二是以同一时期来衡量，后起地区具有比先发展地区更快的经济增长速度。

虽然后起地区与先发展地区的绝对差距仍相差较远，但只要后起者优势的检验值大于0，两者的差距将会慢慢缩小，后起地区将最终赶上先发展地区。

（四）追赶速度检验

经济增长速度是一个区域或国家经济要素中最重要的表现，只要有较高的经济增长速度，后起地区就可以逐步赶上先发展地区。在后起者优势检验中，如果以同一时间来衡量，后起地区与先发展地区相比，必须以更快的速度促进经济增长，只有这样才能追赶上先发展地区。在现实生活中，两地区之间追赶往往会出现相对差距缩小了，但绝对差距却加大了的现象，而且越追差距越大，这时就需要用追赶速度来检验。即在追赶时间一定的前提下，后起地区以什么样的增长速度才能在规定的时间内追赶上先发展地区；或者在追赶速度一定的前提下，后起地区要用多长时间才能追赶上先发展地区，绝对差距缩小的转折年限为多少。

1. 偏度检验

由皮尔逊偏度系数与矩测定法的系数得知，当偏度等于0时，则总体变量值呈钟形对称分布；当偏度大于0时，则总体变量值呈正偏分布；当偏度小于0时，则总体变量值呈负偏分布。但实际计算中，偏度系数不可能恰好等于0，它有一个合理的变化区间。在这个区间内，我们认为总体变量值近似于对称分布，超出这个区间，则总体变量值呈偏态分布。

2. 峰度检验

由峰度系数得知，在合理变化区间内，我们认为总体变量值近似于正态分布，超出这个区间，总体变量值则呈尖顶或平顶分布。

五、区域经济发展协调度检验

区域经济协调发展指区域之间在经济交往上日趋密切、经济资源上相互依存、经济发展上关联互动、经济生活中相互依赖的运动过程。

区域经济协调发展是一个庞大的、复杂的系统工程。从发展的目标和意义上看，区域经济协调发展是为了实现区域之间经济发展的和谐，经济发展水平和人民生活水平的共同提高，达到社会共同进步的目标。从发展的基本方式上看，区域经济协调发展是为了促使区域之间在经济发展上形成相互依存、关联互动、正向促进的状态。从区域经济协调发展的资源配置上看，区域经济协调发展主要体现在区域经济资源的合理配置、区域经济效率的显著提高。从区域经济协调发展的测度标准上看，区域经济协调发展的检验标准就是看区域之间经济利益是否同向增长，区域经济差异是否日趋缩小。区域经济发展协调度检验主要有以下几种方法。

（一）预警指标法

区域经济协调发展预警指标检验法，指某区域在一定时间内某预警指标的实际值与临界值之比的相对差异程度。预警指标一般由反映区域经济发展的先行指标组成，如通货膨胀率、失业率、物价上涨率、固定资产投资率、人口自然增长率等指标。这些指标一般具有可控的临界点，如果预警指标实际值突破临界点，势必影响区域经济的协调发展。

随着预警理论的深入发展，预警方法和技术的不断改进，区域经济协调发展预警系统的研究将成为21世纪人们关注的热点问题之一。

（二）综合指标评价法

区域经济协调发展综合指标评价法，指通过数量比较对被评价对象做出明确的、全面的评价或判断，排出名次、分出等级的方法。其计算步骤如下。

（1）设置反映区域经济协调发展的综合指标体系。

（2）对各综合指标数据进行无量纲化处理。

（3）合成方法的选择。

（4）进行比较分析，对各区域经济协调发展综合指标得分进行排队，对各指标的协调度进行比较分析。

（三）变异系数法

变异系数指总体各单位某变量值变异程度的相对数，是绝对差距与其平均指标之比。它反映某一指标在不同空间的不同水平数列的标志变异程度，或反映某一指标在同一空间的不同时间指标数列的标志变异程度。该指标在区域经济差距测度中起着重要的作用，同时，该指标也是测度、比较各区域经济发展协调与否的重要综合指标。其计算步骤如下。

（1）和（2）如同上述综合指标评价法。

（3）计算区内各综合指标和区际各综合指标的标准差系数，即综合协调度指标。

（4）进行比较分析，对各区域经济发展综合协调度进行排队和比较分析。

（四）灰色系统模型法

灰色系统是介于白色系统与黑色系统之间的一种系统。白色系统指一个系统的内部特征是完全已知的。而黑色系统指一个系统的内部信息对外界来说是未知的，只能通过它同外界的联系来加以观察研究。灰色系统内的一部分信息是已知的，另一部分信息是未知的，系统内各因素间具有不确定的关系。灰色系统模型法通过对系统行为特征指标建立相互关联的灰色预测模型，预测系统中众多变量之间的相互协调关系的发展变化。

从理论上讲，区域经济协调发展涉及区域之间、区域与国家之间的利益格局的调整，需要从国家整体利益、地方利益、近期利益、长远利益、经济利益、社会利益等多重角度，多个层次进行权衡。从实践上看，要促进区域经济协调发展所涉及的问题较多，包括经济基础、社会结构、生产与生活习惯、社会的价值观念等。从时间上看，区域经济协调发展是一个动态的发展过程，即在原有的环境下区域经济发展协调了，但并不意味着就到此为止了，在新的环境下又将会产生新的协调发展的问题。从这个角度上看，区域经济协调发展是一个长期追求的目标。

六、我国区域经济的差距测度分析

（一）我国区域经济的差距测度

区域经济差距问题是一个非常重要的问题，不少专家学者撰文分析我国区域经济差距问题。有的学者认为我国目前区域之间的经济差距正在扩大，但也有学者认为我国目前区域之间的经济差距已在缩小。同样的经济现状，甚至同样的数据，却得出截然相反的结果。我们不禁要问，我国目前区域之间的经济差距究竟是扩大还是缩小了？

（二）绝对差距测度分析

从全距与标准差来看，我国人均 GDP 的差距有不断扩大的趋势。我国各省之间全距从 1978 年的 2323 元扩大到 1998 年的 25 911 元，扩大了 10.15 倍；标准差从 1978 年的 276.6 元扩大到 1998 年的 3577.6 元，扩大了 11.93 倍。其中东部各省全距从 1978 年的 2273 元扩大到 1998 年的 24 177 元，扩大了 964 倍；标准差从 1978 年的 398.8 元扩大到 1998 年的 4068.2 元，扩大了 9.20 倍。中部各省全距从 1978 年的 332 元扩大到 1998 年的 3060 元，扩大了 8.22 倍；标准差从 1978 年的 92.2 元扩大到 1998 年的 907.4 元，扩大了 8.84 倍。西部各省全距从 1978 年的 253 元扩大到 1998 年的 3887 元，扩大了 14.36 倍；标准差从 1978 年的 52.5 元扩大到 1998 年的 891.1 元，扩大了 15.97 倍。东中西三大地带之间全距从 1978 年的 203 元扩大到 5502 元，扩大了 26.11 倍；标准差从 1978 年的 87.0 元扩大到 23 968 元，扩大了 26.55 倍。

从总方差来看，我国各省人均 GDP 总方差急剧上升。1978—1998 年我国各省人均 GDP 总方差共增长 166 倍，其中区域间增长 759 倍，区域内增长 101 倍。

从总方差比重来看，区域间方差的比重从 1978 年的 0.098 9 上升到 1998 年的 0.448 8，共增加 34.99 个百分点；区域内方差的比重从 1978 年的 0.901 1 下降到 1998 年的 0.551 2，减少了 34.99 个百分点。可见，区域间方差比重变化之快，差距之大。

（三）相对差距测度分析

从标准差系数来看，我国各省之间人均 GDP 的差距总趋势在缩小，但是，中间有反弹。从我国各省之间人均 GDP 看，标准差系数从 1978 年的 0.760 7 下降到 1998 年的 0.536 8，下降了 22.39 个百分点。其中 1990 年下降到最低点，为 0.459 3，比 1978 年下降了 30.14 个百分点。但是，1990 年之后，标准差系数又逐渐上升，1990—1998 年，共上升了 7.75 个百分点。从东部各省人均 GDP 的差距看，标准差系数从 1978 年的 0.857 2 下降到 1998 年的 0.423 9，下降了 43.33 个百分点。其中 1995 年下降到最低点，为 0.400 2，1998 年比 1995 年上升了 2.37 个百分点。从中部各省人均 GDP 的差距看，标准差系数从 1978 年的 0.294 9 下降到 1998 年的 0.171 9，下降了 12.30 个百分点。其中 1990 年有一个小小的回升之后，又继续下降。从西部各省人均 GDP 的差距看，标准差系数从 1978 年的 0.200 4 上升到 1998 年的 0.217 6，上升了 1.72 个百分点。其中 1985 年出现最低点，之后回升，1994 年到达最高点之后又有所下降。从东中西三大地带人均GDP的差距看，标准差系数从1978年的0.2392上升到1998年的0.3596，共上升了12.04个百分点。

从相对极差和不平衡差来看，我国各省之间人均GDP的差距总趋势也在缩小，但近几年又缓慢上升。从我国各省之间人均GDP的差距看，相对极差从1978年的14.2743下降到1998年的12.0636，下降了221.07个百分点。但是，1998年与1990年相比，相对极差持续上升了476.73个百分点。不平衡差的变动趋势与相对极差一致，也表现出先降后升、缓慢持续上升的趋势。其中东部各省人均GDP的相对极差和不平衡差处于先降后升的状态，中间有一个小的谷底；中部各省人均GDP相对极差和不平衡差基本处于下降趋势；西部各省人均GDP相对极差和不平衡差则缓慢上升，区域内省际差距逐渐拉大；东中西三大地带人均GDP的相对极差和不平衡差缓慢上升，差距逐渐拉大。

对于我国目前区域之间的经济差距问题，从不同角度可以得出不同的结论，问题是从哪个角度考查。笔者认为，考查、分析我国目前区域之间经济差距应从标准差系数、相对极差和不平衡差等相对指标来测度，而不能用全距、标准差等绝对指标来衡量。全距和标准差虽能正确地反映标志变异程度的大小，但利用它们来比较平均数的代表性是有限的。

综上所述，从标准差系数、相对极差和不平衡差来看，我国各省之间人均GDP差距呈先降后升状态。其中东部、西部各省人均GDP差距较稳定；中部各省人均GDP差距呈下降趋势；在东中西三大地带之间人均GDP差距则不断扩大。

（四）偏离份额分析

区域经济增长份额是以我国GDP平均增长率作为衡量标准的，若其大于0，则表示该地区GDP总体增长率高于全国平均水平；反之，则表示该地区GDP总体增长率低于全国平均水平。据统计，1998年我国GDP为79395.7亿元，比上年增长7.8%，因为全国GDP的数据不是各省份GDP的简单汇总，因此，需以全国各省份1997年GDP为权数，以1998年增长率为变量值，用加权算术平均法计算1998年全国GDP平均增长率，计算结果为9.7%。用此作为衡量标准，1998年增长率高于9.7%的省市自治区仅有10个。

（五）偏度特征检验分析

1998年全国各省人均GDP数据呈偏态分布，其中人均GDP在4000—5000元是一个高峰，在6000—7000元也呈一个次高峰，在1.2万元以上又出现一个小高峰。因该组数据有两组众数,故不宜计算,可用中位数计算偏度系数与峰度系数。

1998年全国各省人均GDP偏度系数为0.983 5,超出偏度的合理区间;峰度系数为15.637 7,也超出峰度的合理区间。1998年全国各省人均GDP数据,呈正偏尖顶分布,且显示出两头高中间低的两极分化状态,表示全国各省人均GDP确有两极分化的趋势。

(六)差距警戒线检验分析

区域之间人均GDP差距警戒线为5—6,若人均GDP相对极差超越该警戒线,则会导致经济发展迟缓,社会矛盾加剧,不安定因素增加,影响政治稳定,甚至爆发区域之间、民族之间的战争。但是我国区域之间人均GDP相对极差1998年已超过12,大大超过人均GDP差距警戒线,为什么我国政局稳定呢?笔者认为,原因有以下三个方面。

(1)我国幅员辽阔。我国东西南北中自然环境、社会人文环境跨度较大,东西贫富差距在历史上就较悬殊。改革开放以来,东西人均GDP相对极差不断缩小,全国人均GDP极大值上海与极小值贵州之间的相对极差,从1978年的14.274 3迅速下降到1990年的7.296 3,只是近几年才出现反弹。由于上海与贵州相距数千千米,中间隔着江苏、浙江、江西、湖北、湖南、广西等省(自治区),且这些省份的贫富差距也是由东到西呈梯度状变化的,由于距离遥远,避免了矛盾的正面冲突。

(2)我国人民具有勤劳、善良、爱国爱家,特别是热爱家乡的优良传统。贫穷地区的人们也奉行着"在家千日好,出门半步难"的观念,宁可守着家乡的黄土地,也不愿到外面闯荡,特别是在贫穷落后地区,生死由命、富贵在天的宿命论的思想对人们还有一定影响。

(3)我国政府的宏观调控卓有成效。中华人民共和国成立以来,党和政府不断对贫困地区的人民给予扶持,建立国家级、地区级贫困县,对其加大扶贫力度。前几年,用消除贫困年的运动促进贫困地区的人民脱贫,使他们实实在在感受到党和政府的温暖,激发起治山治水、建设家乡的雄心壮志。

(七)追赶速度分析

俗话说,穷则思变。变的前提条件就是经济增长要保持一定的速度,如前所述,速度是一个区域或国家经济要素中最重要的表现,只要有较高的追赶速度,后起地区可以逐步赶上先进地区。

例如,海南原属于广东的一个自治地区,由于国家开发海南的需要,于

1988年4月宣布海南撤区建省，办经济特区，以特殊优惠的政策，振兴海南的经济发展。海南的开发建设由此进入一个新的发展时期，走上了一条富岛强省之路，从一个经济比较落后的边陲地区发展成为初步繁荣昌盛的经济特区。1988—1998年海南全省GDP和人均GDP分别以12.4%和10.6%的速度迅猛增长，其中某些年份的经济增长速度超过同期的广东。

现以海南追赶广东为例，阐述追赶速度的实际运用。如已知1998年广东人均GDP为11 143元，海南人均GDP为6022元，假设今后广东人均GDP每年以9%的速度增长，海南以11%的速度增长，则海南要用多少年才能追赶上广东？两省之间追赶转折年限为多少年？

从1998年起，海南人均GDP以11%的速度追赶广东，虽然相对差距在缩小，但绝对差距仍在扩大，到23.32年后，绝对差距达到最大值，然后才逐渐缩小，到33.85年才能追上广东，即差距为0。只有两省继续保持上述增长速度，海南才能超过广东。

第五节 区域经济的发展进程测度

区域经济的发展进程是从动态角度对区域经济发展水平所做的定量测度。区域经济发展进程从不同角度可做不同的分类，一般来讲，区域经济发展进程有以下几种分类：①工业化进程；②技术进步进程；③城市化进程；④居民生活进程（恩格尔系数）；⑤经济增长贡献和贡献率；⑥全面小康社会进程；⑦现代化进程；⑧综合竞争力。

众所周知，区域经济发展是一个由量变到质变的过程。在这个过程中，除了受经济本身的变化影响外，区域经济发展还受社会的、文化的和政治的影响，使其发展过程表现出由量变到质变、由部分质变到完全质变的特点，各阶段之间存在着明显的特征差别。由于各区域经济发展的基础、环境条件和起点不同，各区域经济发展所处的阶段和进程也不相同。根据区域经济发展进程中的各自地位，各区域提出的发展目标、战略重点、发展模式等等不尽相同。因此，区域经济发展进程成为经济发展理论与实证分析的重要内容。

一、工业化进程

目前，由于国内外对工业化进程统计测度还没有一个统一标准，因此，对于同一时期、同一数据，人们对其工业化进程有不同的评价。这里将系统、客观地评价国内外三种权威的统计测度标准，在此基础上提出新的标准，并以具体实例测度我国工业化进程,为准确把握我国工业化进程提供统计依据。

党的十六大在全面总结国内外工业化经验教训的基础上,顺应了世界经济、科技、社会、自然资源和生态环境协调发展趋势,根据我国基本国情,做出了我国工业化建设的战略性决策,及时提出"走新型工业化道路",这是我国工业化建设的重大选择。下面将初步探讨我国新型工业化进程的统计测度理论与方法。

(一)钱纳里工业化发展阶段

美国著名发展经济学家钱纳里认为,工业化进程是经济重心由初级产品生产向高级产品生产转移的过程。他根据多国模型的标准模式把经济发展进程理解为经济结构的全面转变,把随人均收入增长而发生的结构转变分为三个阶段、七个时期。

第一阶段,初级产品阶段。该阶段占统治地位的是初级产品的生产活动,主要特征是以农业生产活动为主。这个阶段,初级产品生产的增长速度慢于制造业的增长速度,制造业不能成为总产出的主要来源。与这种产业结构相对应,制造业对人口的容纳程度极其有限,就业人口的绝大部分积聚在农业部门,农业人口比重在总人口中占80%以上。

第二阶段,工业化阶段。该阶段经济活动的中心开始由初级产品生产向制造业生产过渡,制造业对生产增长的贡献明显扩大,经济结构进入剧变阶段,结构转变的爆发点是制造业贡献地位与初级产品贡献地位的转换。此阶段的多数时期,农业人口非农化不断加强,生产率增长对产出增长的贡献明显增加,城市人口比重逐步上升。

第三阶段,发达经济阶段。该阶段经济活动中心出现了新变化:一方面,工业部门的产值贡献份额下降,资本增长速度减慢,资本贡献减少;另一方面,农业部门却一改过去所扮演的次要角色,既结束了资本和技术对劳动的替代,又改变了农业长期蹒跚增长的局面,成为劳动生产率增长最快的部门。

上述三个阶段的发展,体现了层次较高的生产力代替层次相对较低生产力的过程,其实质是经济结构的转变。

(二)霍夫曼比例

德国经济学家霍夫曼根据近20个国家工业内部结构的时期序列计算分析,提出用消费资料工业净产值与生产资料工业净产值之比,即用霍夫曼比例来反映工业化发展的进程。

在工业化进程中,生产资料的生产在工业生产总值中的比重不断上升,并超过消费资料的生产。随着工业化程度的提高，霍夫曼比例有不断下降的趋势。

资本资料生产，即生产资料的生产属于重工业，消费资料的生产属于轻工业。一般来讲，重工业在工业生产中的比重增大是工业化过程的必然趋势，当工业化达到一定程度时，重工业的比重将大体上处于稳定状态。

在我国，用霍夫曼比例来分析工业化进程状况，实质上是从区域经济的角度出发来分析轻重工业的比例。对任何国家来说，霍夫曼比例具有一定的普遍性。但用它来分析区域经济工业化进程时，应注意其特殊性。由于各地区并不要求形成一个完整的工业体系，且各区域都有自己的区域优势，在全国范围内，客观上形成了轻重工业各有侧重的区域。所以，对于一个地区来讲，用霍夫曼比例来分析各区域工业化进程状况，衡量区域经济结构的变化，具有一定的局限性。

（三）工业化程度

1999年，相关部门根据第二产业增加值与第一产业增加值之比、第二产业从业人员与第一产业从业人员之比，设计出一种反映我国工业化程度的计算公式。

工业化程度 = 增加值贡献率 + 劳动力贡献率

增加值（劳动力）贡献率的计算方法：当工业增加值占工农业增加值的比重（非农产业劳动力占全社会劳动力的比重）大于或等于0.5时，则赋予增加值贡献率（或劳动力贡献率）为0.5；当比重小于0.5时，增加值（劳动力）贡献率 = 比重值 / 2。

（四）工业化进程测度

1. 三种工业化进程统计测度标准的评价

上述三种测度方法均有其优点、着重点，在工业化进程统计测度中均起过重要作用。但笔者对三种测度方法仔细研究后，发觉各方法也有其不足之处。

（1）钱纳里方法着重强调人均收入水平提高对工业化进程的影响。钱纳里认为，在工业化发展阶段，制造业取代农业的统治地位，使劳动生产率不断提高，人均收入水平随之提高，工业化发展阶段的层次也就越高。但其忽视了工业增加值与农业增加值之间的比例关系，也忽视了劳动生产率，特别是第二产业的劳动生产率提高是工业化进程的关键，而人均收入只是其表现形式。况且人均收入的概念比较笼统，很难准确划分三次产业，因此在实际运用中，人们都习惯用人均GDP来描述。据统计，2000年我国人均GDP为7078元，按钱纳里人均收入的划分，我国处于初级产品阶段的初期，这低估了我国工业化进程。

（2）霍夫曼比例着重强调轻重工业之间变化比例对工业化进程的影响。霍夫曼认为，随着工业化的发展，霍夫曼比例不断下降，当霍夫曼比例从5下降到1时，工业化过程基本完成。但其忽视了工业化过程中劳动生产率的迅猛提高，且运用霍夫曼比例时要求该地区具有一个完整的工业体系，在实际运用中受到一定的限制。

（3）工业化程度着重强调第二产业增加值与第一产业增加值比值、第二产业从业人员与第一产业从业人员比值对工业化进程的影响。但忽视第二产业劳动生产率对工业化进程的影响，也忽视了第二产业增加值与第一产业增加值比值大于1时对工业化进程的影响。例如，我国从1970年起，第二产业增加值与第一产业增加值之比就大于1，均取值为0.5。工业化程度取决于劳动力贡献率的大小，一旦劳动力贡献率也大于1，就无法测出其工业化程度，因此，其测度准确性也大受影响，测度结果明显偏高。

2. 工业化进程统计测度的新标准

笔者分析前人的研究和我国工业化进程的实际情况，认为工业化进程应包括以下几个方面的内容：

（1）反映劳动生产率的提高。分析国际上发达国家工业化发展过程，其工业化初始阶段的劳动生产率一般为800美元，工业化高级阶段后期劳动生产率超过12 000美元。

（2）反映第二产业与第一产业增加值比例的提高。分析国际上发达国家工业化发展过程，一个工农业生产体系完整的地区，工业化初始阶段三次产业增加值比例为35∶35∶30，即第二产业与第一产业增加值比值为1，工业化高级阶段三次产业增加值比例为4∶35∶61，即第二产业与第一产业增加值比值高于8。2000年三次产业增加值比例，日本为2∶38∶60，韩国为6∶43∶51，我国为15.9∶50.9∶33.2，其中我国广东为10.4∶50.4∶39.2。

第二产业增加值与第一产业增加值比值越大，表明工业化程度越高。当该比值小于等于1时，为初级产品阶段，主要特征是以农业生产活动为主；当该比值大于1时，为工业化阶段，其中该比值是2—3时为工业化初期阶段，是4—5时为工业化中期阶段，是6—7时为工业化后期阶段；大于8时为发达经济阶段。据统计，全世界高收入国家第二产业增加值与第一产业增加值比值均在8

以上。上述第二产业增加值与第一产业增加值比值，日本为19，韩国为7.2，我国为3.2，其中我国广东为4.8。

（3）反映三次产业劳动力构成的优化。根据配第·克拉克定律可知，随着工业化劳动生产率的提高，三次产业从业人员比重第一产业明显下降，第二产业相对稳定，第三产业明显上升。据统计，全世界三次产业从业人员比例，经济发达国家为15∶30∶55，从业人员第二产业与第一产业比值为2；中等发达国家为22∶33∶45，从业人员第二产业与第一产业比值为1.5。2000年我国为50.0∶22.5∶27.5，其中广东为41.1∶26.2∶32.7，从业人员第二产业与第一产业比值分别为0.45和0.64。

笔者认为，工业化进程指标应是上述三项内容的综合反映，即工业化进程指劳动生产率工业化进程、增加值工业化进程和劳动力工业化进程的加权平均数，其权数按指标重要程度设置，分别为3、2、1。

由于受区域性质（省、直辖市、自治区）及指标重要程度的影响，在上述三个指标中，增加值工业化进程和劳动力工业化进程最高定值为1，到发达经济阶段，工业化进程的快慢主要取决于按国内生产总值可比价计算的劳动生产率。

（五）工业化进程研究

1. 工业化进程研究的现状及趋势

工业化指现代工业在国民经济中逐渐占据主要地位的过程。工业化是一个国家用来实现提高物质生活水平的一个必要手段，它是一个国家实现整体社会全面迅速的经济增长、经济发展和经济现代化的最重要的途径之一。工业化过程的数量表现就是工业化进程，工业化进程是衡量一个国家由传统的农业国向现代的工业国转变程度的重要标志。

工业化问题历来是国际性的重大理论课题，19世纪，世界各国走出了各种工业化之路，也产生了许多工业化理论模式和工业化进程统计测度标准。国外工业化理论模式按时间排序看，先行的有英国模式，美国、法国和德国模式。后起的有苏联模式、日本模式、亚洲"四小龙"模式、巴西模式、澳大利亚模式等。工业化进程统计测度标准，比较著名的有德国经济学家霍夫曼工业化进程四阶段说，美国经济学家库茨涅茨工业化进程五阶段说，美国经济学家钱纳里工业化进程六阶段说。

我国工业化起步比发达国家晚了一个世纪，1953年才开始工业化建设，几十年来，我国工业化进程取得了巨大成就。在工业化进程统计测度标准方面，以前一直沿用国外标准，后来，不少学者对此做了研究，比较权威的成果是《工业化进程》中所提出的统计测度标准。笔者在工业化进程统计测度方法方面也做了一些研究，其中《工业化进程统计测度及实证分析》刊登在《统计研究》上。

目前，我国工业化进程与发达国家相比，水平仍然较低。由于我国工业化发展时间较短、地域辽阔、人口众多，加之经济体制的东西方差异，以及我国工业化初期所处的环境与发达国家工业化初期所处的环境不同等，我国工业化绝不能照搬国外的模式，必须走自己的路。

党的十六大在全面总结国内外工业化经验教训的基础上，顺应了世界经济、科技、社会、自然资源和生态环境协调发展的趋势，根据我国基本国情，做出了我国工业化建设的战略性决策，及时提出"走新型工业化道路"，这是我国工业化建设的重要选择。

2. 新型工业化进程研究的实际意义和理论意义

"走新型工业化道路"，就是建立具有中国特色的工业化模式。新型工业化不同于以往发达国家的那种旧式的工业化模式。以机械化取代手工劳动为标志的传统工业化变革曾经受到普遍欢迎，但是自20世纪中叶以来，发达国家的"工业化"一词逐步进入了与消耗资源、牺牲环境、失业相等同的语境之中。

"走新型工业化道路"是对我国经济社会发展新的综合定位，它作为我国今后经济建设的新思路、新理念，不仅考虑我国有十几亿人口和环境资源短缺的现实国情，也考虑科技、效益、环境的系统集成，而且还涉及物质享受、全面就业、优质生活环境等方面的问题。

"走新型工业化道路"是党的十六大确定的中国工业化模式，探索新型工业化道路不仅是马克思主义工业化理论的发展，也是中国特色的社会主义市场经济理论的发展。我们将用一种全新的观点、标准测度新型工业化进程，以保障我国新型工业化进程的顺利进行。建立新型工业化进程的新标准，是统计工作者面临的一个光荣而艰巨的任务，这方面的研究具有极其重要的理论意义和实用意义。

3. 新型工业化进程统计测度研究的基本思路

（1）中外工业化进程统计测度比较研究。其中包括德国经济学家霍夫曼工业化进程四阶段说、美国经济学家库茨涅茨工业化进程五阶段说、美国经济学家钱纳里工业化进程六阶段说、我国国家统计部门的工业化进程统计测度标准以及国内外其他统计测度标准。

（2）新型工业化进程中应处理好的几大关系。其中包括工业化与信息化的关系、工业化与科技创新的关系、工业化与资源环境的关系、工业化与人力资源开发利用的关系、工业化与可持续发展的关系、工业化与经济效益的关系、工业化与产业结构优化升级的关系、工业化与城市化的关系、工业化与现代化的关系以及工业化与世界贸易组织的关系。

（3）新型工业化进程统计测度指标体系。其中包括新型工业化进程统计测度综合评估指标体系的建立和定额评估标准的选择（如时间评估标准、空间评估标准、历史评估标准、定额评估标准和经验评估标准等）。

（4）新型工业化进程综合评价方法。其中包括无量纲化方法的选择（如距离法与改进的功效系数法等）、合成方法的选择（如总和合成法、乘积合成法和混合合成法等）、权数的确定（如德尔菲法、层次分析法、主成分分析法、因子分析法、强制打分法、相关系数构权法等）。

（5）新型工业化进程统计测度实证分析。其中包括将上述新型工业化进程统计测度指标体系、综合评估标准和方法具体运用于我国各个省（直辖市、自治区）的评估。

二、技术进步进程

（一）技术进步的概念

技术进步指科研成果的生产和物化的全过程。这里技术进步的概念是广义的，它不仅包括生产力方面，还包括生产管理经济结构方面，主要内容：①提高装备技术水平；②改进和改革工艺、原材料和动力；③提高经济管理水平；④调整资源配置和生产结构；⑤提高劳动力素质和加强教育训练。依靠技术进步促进经济增长，属于内涵式扩大再生产，在目前资金缺乏、资源有限的条件下，强调走技术进步这种内涵式扩大再生产的道路，意义十分重大。

技术进步是区域经济发展的一个重要因素，世界各国经济发展都经历了手工业、传统工业和高新技术产业三个阶段，这三个阶段的劳动生产率的比例为 1∶10∶100，这种巨大的差异正是技术进步的结果。

科学技术是第一生产力。生产力是一切社会发展的根本动力，科学技术是现代生产力中最活跃、最重要的因素。它既是现代社会财富增加的主要源泉，又是推进和制约经济增长和社会发展的重要因素。反映技术进步进程的重要指标是技术进步对经济增长的贡献率。

（二）测算技术进步的方法

1. 柯布—道格拉斯生产函数

1927年，美国芝加哥大学数学家柯布与经济学家道格拉斯一起研究了美国制造业1899—1922年的历史资料，提出在生产的诸多要素投入中，劳动和资本是最主要的，其余要素对产出的贡献微不足道。他们在分析研究的基础上，得出美国制造业在上述时期内的生产函数，即柯布—道格拉斯生产函数。

2. 索洛余值法

1957年，美国麻省理工学院的经济学家索洛教授在柯布—道格拉斯生产函数的基础上做出了重大改进，他定量分离出技术进步在经济增长中的作用，使人们认识到在经济增长过程中，除了要素投入的作用外，技术进步也起了巨大作用。他所揭示的这一规律，引起人们广泛关注，不仅学术界投入了许多力量进行研究，许多国家的高层决策者也越来越重视，纷纷增大了对技术和教育的投入，以促进本国经济的增长。这项研究成果大大推动了技术进步在经济增长中作用的研究。1987年，索洛教授由于对经济增长理论的贡献而获得了当年的诺贝尔经济学奖，他所提出的经济增长速度方程赋予了柯布—道格拉斯生产函数新的生命力，因而被人们称为"索洛余值法"。

3. 计算口径

（1）全社会口径。产出为国内生产总值（或国民生产总值），资金为全社会固定资产与流动资产之和，劳动者为全社会劳动者年末人数。

（2）全民独立核算工业企业。产出为全民独立核算工业企业不变价格计算的总产值，资金为全民独立核算工业企业固定资产与流动资金之和，劳动者为全民独立核算工业企业劳动者年末人数。

三、城市化进程

城市是政治、经济、文化、信息和人民生活的中心，是一个国家或地区现代文明的标志，城市化进程的快慢直接影响国家或地区的社会文明和经济繁荣。

（一）城市化水平

城市化是社会经济发展的必然结果，是社会形态由低向高发展的客观表现。城市化水平包括城市化人口水平和城市化区域水平。城市化人口水平指城市非农业人口占总人口的比重。城市化区域水平指城市市区土地面积占总面积的比重。

（二）城市化进程

城市化进程指从时间数列上动态反映城市化水平的指标。根据国际城市化进程的规律性，当城市化水平在10%以下时，城市发展水平较低；当城市化水平超过20%时，城市发展水平进入加速发展的新时期。中华人民共和国成立以来，我国城市化进程经历了一个从低速、动荡、停滞到变革、稳定、快速增长的过程。

1. 城市化人口进程指标

我国1949年城市非农业人口占总人口的比重为5.1%，1998年增长到20%。从东、中、西三大地带来看，中华人民共和国成立初期，我国城市人口主要集中在东部地区。20世纪60年代初，由于工业生产向"三线"地区转移，中、西部地区城市人口在全国城市人口中所占比重迅速上升，东部地区城市人口比重逐年下跌。20世纪80年代初，随着改革开放的步伐向前迈进，城市人口增长速度东低中西高的局面被扭转。20世纪90年代以后，东部地区的城市化水平明显加快，在全国城市人口中所占比重也随之逐步提高。

2. 城市化区域进程指标

1949年我国仅有132个城市，市区土地面积占总面积的比重约为5%；1984年，我国城市数增加到295个，城市市区土地面积占总面积的比重约为7.6%；1998年我国城市数增加到664个，由于城市数量和区域面积扩张的共同效应，城市市区土地面积占总面积的比重已上升到20%，基本达到国际城市化加速发展的新时期水平。

四、恩格尔系数

（一）恩格尔系数的概念

恩格尔，19世纪德国统计学家，曾担任德国萨克森尼亚王国统计局局长。他就工人家庭开支预算进行研究，用统计方法从数量上描述工人家庭的消费开支同家庭收入之间存在的密切依存关系。

他认为在工人家庭收支中：

（1）食物消费支出在全部生活消费支出中所占比重，随收入的增加而下降；

（2）衣着、教育、法律保护、保健、舒适与娱乐等项支出所占比重，随收入的增加而增加；

(3）居住灯火、燃料两项的支出所占比重，不论收入如何，相对稳定。

在这些比重中，食物消费支出所占比重随收入水平的变化而变化最为明显和普遍，所以人们称之为恩格尔系数。

恩格尔系数的一般变动规律是随着居民收入水平的提高，呈下降的趋势，该趋势被称为恩格尔定律。恩格尔定律作为一个总的趋势，是普遍存在的。

恩格尔定律提出之后，被西方经济学界广泛接受，有些国家还根据本国的情况对其进行补充、修正和引申。比较著名和具有一定影响力的是美国著名经济学家保罗·萨缪尔森，他在《经济学》一书中，对恩格尔定律做了深入的论证，提出了萨氏恩格尔系数。这里，萨氏恩格尔系数与恩氏恩格尔系数是不同的，萨氏恩格尔系数所考查的是食品消费支出与总支出的关系，反映的是食品支出在全部开支中所占比重的变化规律，它之所以将储蓄纳入进来，目的是提醒人们在研究消费时，应注意储蓄对消费的影响。在我国，两种公式都有使用，但是，大部分学者仍沿用恩氏恩格尔系数。

（二）联合国划分世界各国居民生活的贫富标准

恩格尔系数是国际上用来衡量居民生活水平状况的重要指标，目前，联合国划分世界各国贫富标准采用的就是恩格尔系数。一般认为，恩格尔系数在0.3以下者为最富裕生活；在0.3—0.4者为富裕生活；在0.4—0.5者为小康水平；在0.5—0.6者为勉强度日；在0.6以上者为绝对贫困。

我国历年恩格尔系数都较高，其中城镇居民恩格尔系数1994年为0.4989，才刚进入小康水平；1998年为0.4448，正向富裕生活迈进。农村居民恩格尔系数1998年为0.5342，刚刚解决温饱问题，奔小康仍是我国广大农村居民的重要任务。

从全国城镇居民恩格尔系数看，最低的是山东（0.40）、河北（0.40），其次是北京（0.41）、内蒙古（0.41），陕西（0.41）。一些经济较为发达的省份恩格尔系数却较高，如上海（0.51）、广东（0.44）。其中最高的是海南（0.55），经过分析可知，恩格尔系数值与经济生活水平有时背离程度较大，这一点值得注意。

（三）恩格尔定律在我国运用时应注意的问题

恩格尔系数受消费方式和统计口径影响较大，由于国别不同、地区不同、城乡不同、时间条件不同，因此，它在应用时具有一定的局限性。

1. 中外不可比

由于我国城市居民用于住房、文化教育、交通邮电、医疗卫生和保健以及其他服务项目的费用比西方国家要低得多，所以，这一比重远远低于西方发达国家。例如，西方发达国家住房比重为20%—30%，而我国仅为5%—10%。之后实施住房制度改革后，该比重有所提高。1998年全国城镇居民住房消费比重已达9.4%，但比起国外，该比重仍然较低。

2. 城乡不可比

由于城乡之间主客观条件存在着许多不可比因素。因此，农村的恩格尔系数高于城市的，这主要表现在以下几个方面。

（1）农村的自给性消费占相当比重。将自给性消费部分计算在内，使农村恩格尔系数偏高。

（2）农村住房消费支出在全部生活费支出中占相当比重，使农村恩格尔系数偏低。例如1998年，农村住房消费占15.1%，城市住房消费仅占9.4%。

（3）农村集体福利大多数由农民自己负担。而城市居民的医疗保健、城市交通及生活服务等均有补贴，使得农村恩格尔系数偏低。

（4）目前农村文化娱乐设施少。服务行业和服务水平也远远不能满足农民的需要，使农村恩格尔系数偏高。

（5）农村商业网点不足，货源偏少，影响了农民的消费，使农村恩格尔系数偏高。

3. 动态数列不可比

（1）应剔除不正常年份的数据。（2）应调整价格水平。在进行动态比较时，由于价格在不断变化，恩格尔系数的可比性受到影响，这时应该采用不变价格计算恩格尔系数。

五、经济增长贡献

经济增长指反映经济活动总量的报告期国内生产总值与基期相比，实际增减变化的总量或比率。从生产角度看，经济增长主要依靠三大产业的增加值；从需求角度看，经济增长主要依靠消费需求、投资需求和净流出三个驱动轮子的推动；从经济区域上看，经济增长主要依靠全国各经济区域的国内生产总值增长。

（一）产业部门贡献和贡献率

国内生产总值增量等于第一产业增加值、第二产业增加值与第三产业增加值之和。

关于价格问题，通常统计年鉴中的国内生产总值总是使用现价，而统计增长速度使用的是可比价。产业部门贡献和贡献率的计算需要使用可比价，这里就需要换算价格。

（二）需求拉动

从支出角度来看，国内生产总值等于消费需求、投资需求与净出口之和。其中，净出口等于出口减进口。同理，若对一个经济区域来说，支出法 GDP 增长量等于消费需求增长量、投资需求增长量与净出口增长量之和。

（三）地区贡献

从理论上讲，全国国内生产总值应等于各地区生产总值之和，即

国内生产总值 =1 地区生产总值 +2 地区生产总值 +$\cdots$+n 地区生产总值。

（四）广东经济增长需求拉动实证分析

本部分拟从三大需求着手，对广东 20 世纪 90 年代的经济增长及需求拉动情况做分析，旨在保持三个驱动轮子协调发展，促进广东经济持续稳定协调发展。

1. 国内生产总值和三大需求现状及特点分析

在 20 世纪 90 年代，广东经济经过 1993 年的增长高峰之后，增长速度急剧下降。1999 年与高峰期的 1993 年相比，下降了 12.8 个百分点，其中拉动经济增长的三个驱动轮子表现不一。

（1）消费需求增长率仍在低谷中徘徊。广东消费需求自 1992 年增长 24.2%，之后一路呈下降趋势，1999 年广东消费需求总量为 4 511.64 亿元，按现价计算比上年增长 3.1%，扣除价格因素，比上年增长 6.4%，虽然消费需求绝对数仍在增长，但增长率却乏力，仍在低谷中徘徊。

（2）投资需求逐步回升。受消费需求的影响，广东投资需求从 1993 年起一路下滑。1997 年投资需求负增长 1.1%，跌入谷底。1998 年广东投资需求走出低谷，开始飙升。1999 年广东投资需求增长速度为 11.9%，其中固定资产投资为 2 974.32 亿元，比上年增长 11.9%，存货增加 277.87 亿元，比上年大幅度减少。

（3）净流出需求陷入负增长泥潭。从外贸方面看，受东南亚金融危机的影响，1998年广东海关进出口总额已出现负增长，1999年走出困境，扭负为正，增长2.7%。虽然进出口额连年顺差，但差额已逐渐缩小。从省际的内贸方面看，广东在省际净调入从1994年起连年为负，且负增长额越来越大。1998年广东净流出为509.86亿元，其中出口756.18亿美元，进口541.80亿美元，净出口214.38亿美元，折合人民币1775亿元，省际净调出为负1265.14亿元。1999年净流出为700.48亿元，比上年有较大增幅，其中出口777.05亿美元，进口626.63亿美元，净出口150.42亿美元，折合人民币为1245亿元，省际净调出仍为负数，净流出需求已陷入负增长泥潭。

2. 经济增长和三大需求拉动分析

在经济增长中，需求拉动指各种最终需求的增长所引起的国内生产总值增长率（即经济增长率）的增加额。需求拉动率指在经济增长率中各种最终需求拉动所占的份额。

在这三大需求中，以消费需求对经济增长率的拉动最大，年平均拉动率为50.12%；其次是投资需求，年平均拉动率为44.87%；净流出需求的年平均拉动率仅为4.27%。再深入一层分析，我们可以发现以下特点。

（1）居民消费是拉动经济增长的主要因素。在消费需求中，居民消费需求占主导地位，广东20世纪90年代居民消费占消费需求的78.41%，对经济增长的年平均拉动率达39.30%；政府消费仅占消费需求的22.59%，对经济增长的年平均拉动率仅为10.82%。

（2）固定资产投资拉动经济增长的作用逐渐增强。在投资需求中，固定资产投资需求占主导地位。广东20世纪90年代固定资产投资需求占投资需求的84.26%，对经济增长的年平均拉动率达37.81%，固定资产投资增长率从1997年的0.2%上升到1999年的11.9%，其对经济增长的作用逐渐增强；存货增加仅占投资需求的15.74%，对经济增长的年平均拉动率仅为7.06%。

（3）净流出系数急剧下滑的势头得到有效遏制。广东净流出需求对经济增长的拉动率从1991年以后直到1999年一路下滑（1997年例外），1998年对经济增长的拉动率仅为7.36%。究其原因，主要是省际净调出自1994年一直为负增量，特别是1998年，省际净调出负增量竟达1265.14亿元。1999年下滑势头得到有效遏制，净流出需求系数已上升到14.63%。

3. 拉动广东经济增长的几点建议

通过上面的需求拉动分析，笔者对广东拉动经济增长，提出了以下几点建议，以供参考。

（1）激活居民消费倾向，启动消费热点。我国可能出现的消费热点大有潜力可挖，如住房消费、信息消费（包括电话、电脑、电脑上网消费）、旅游消费、农村家电消费、汽车消费（包括摩托车、机动三轮车和农用两用车消费）、文教消费等。

（2）适当增加固定资产投资力度，缓解总的供需失衡状况。根据《广东省1997年投入产出表》可知，在当前经济技术的条件下，广东固定资产投资每增加1亿元，相应产生消费需求0.45亿元。例如，广东固定资产投资，1999年比1998年增加323亿元，增长11.9%，促使消费需求增加145亿元，从而使国内生产总值增加468亿元，占国内生产总值增量527.08亿元的88.8%。因此，适当增加固定资产投资力度，特别是加大基础设施建设、城市建设、环保工程建设的投资力度，加大文化教育业、服务业、咨询业、旅游业和娱乐业等行业的硬件投资，以缓解总供需失衡状况，不失为扩大内需、拉动广东经济增长的现实选择。

（3）调整产业结构和产品结构，加大净调出力度，扭转省际净调出为负的局面。20世纪80年代中后期，广东产品号称"广货"，以其信息灵、变化快、款色新、外观美的特点受到省内外消费者的钟爱，"广货"北伐，在省外各地市场均占有一席之地。而到了20世纪90年代后期，除了部分产品外，"广货"已逐步退出北方市场，与此同时，由于大量调进，省内市场广货的占有率也在下降。广东要想尽快启动内需，拉动经济增长，应把调整产业结构和产品结构放在重要地位，通过调整产业结构和产品结构，加大产品技术含量比重，增加有效供给，增加适销对路商品，对省内，提高省内居民消费水平；对省外，"广货"应以新的面貌再次北伐，重振当年雄风，这是摆在广东人面前的重任。

六、全面小康社会进程

小康源自古典用语，指经济社会发展的特定阶段，意味着人民生活的健康、快乐和无忧，即初步的安居乐业。小康生活指人民生活介于温饱和现代化之间的比较殷实的生活状态。小康社会指社会、经济发展的状态。邓小平同志曾指出："所谓小康社会，就是虽不富裕，但日子好过。"全面小康社会的含义是所建设的目标中每一个指标都必须达到其相应低限的水平值，其要求更为严格。其内涵为经济更加发达、民主更加健全、科教更加进步、文化更加繁荣、社会更加和谐、人民生活更加殷实。

（一）现代化与小康生活、全面小康社会的关系

（1）小康生活是小康社会的主要标志。小康社会的经济社会全面发展是达到小康生活的必要条件，没有社会经济的全面发展，人民就不可能过上小康生活。

（2）全面小康社会是现代化社会的开端。全面小康社会比小康社会更为严格，它要求建设目标中每一个指标都必须达到相应低限的水平值，全面小康社会的建成标志着人民生活已经完全地进入了现代化建设阶段。

（二）全面建设小康社会的目标

江泽民同志在党的十六大报告中指出，全面建设小康社会的目标有以下几方面。

在优化结构和提高效益的基础上，国内生产总值到 2020 年力争比 2000 年翻两番，综合国力和国际竞争力明显增强。基本实现工业化，建成完善的社会主义市场经济体制和更具活力、更加开放的经济体系。城镇人口的比重有较大幅度提高，工农差别、城乡差别和地区差别扩大的趋势逐步扭转。社会保障体系比较健全，社会就业比较充分，家庭财产普遍增加，人民过上更加富足的生活。

社会主义民主更加完善，社会主义法制更加完备，依法治国基本方略得到全面落实，人民的政治、经济和文化权益得到切实尊重和保障。基层民主更加健全，社会秩序良好，人民安居乐业。

全民族的思想道德素质、科学文化素质和健康素质明显提高，形成比较完善的现代国民教育体系、科技和文化创新体系、全民健身和医疗卫生体系。人民享有接受良好教育的机会，基本普及高中阶段教育，消除文盲。形成全民学习、终身学习的学习型社会，促进人的全面发展。

可持续发展能力不断增强，生态环境得到改善，资源利用效率显著提高，促进人与自然的和谐，推动整个社会走上生产发展、生活富裕、生态良好的文明发展道路。

（三）全面小康社会发展进程综合指标体系统计测度

小康是社会发展的一个阶段，全面小康社会发展进程不能光凭单项统计指标来测度，需设计一套综合评价指标体系，其参考框架有以下几个。

1. 经济发展子系统

（1）经济水平。人均 GDP；财政收入增长率。

（2）产业结构。第三产业增加值占 GDP 比重；商品出口依存度；新型工业化进程。

2. 民主化法制化子系统

（1）民主化。公民对政府工作的满意度；民主化进程。

（2）法制化。每万人刑事案件发案率；法制化进程。

3. 科教发展子系统

（1）科技。每百万人口拥有科技人员数；研究与开发经费占 GDP 比重；高新技术产值占工业总产值比重。

（2）教育。大学生粗入学率；高等教育人口比例增长率；高中教育普及率；人均财政教育经费。

4. 文卫发展子系统

（1）文化。每百万人口公共图书馆数及藏书量；成人识字率。

（2）卫生。平均每名医生服务人口；每千人口病床数。

5. 社会发展子系统

（1）城市化进程。城市化率。

（2）收入分配公平度。基尼系数；城乡居民收入差。

（3）信息化进程。信息产品消费系数；信息产业增加值占 GDP 比例；信息化综合指数。

（4）可持续发展。可持续发展指数；环保投资占 GDP 比重。

6. 人民生活水平子系统

（1）居住条件。有自来水的成套住房居住率；居民人均居住面积；燃气使用率；森林覆盖率；城市人均公共绿地面积；工业"三废"处理治理达标率。

（2）营养结构。最低收入 1/5 人口的恩格尔系数；最低收入 1/5 人口的蛋白质摄入量。

（3）安居乐业。居民生活安定系数；居民人均可支配收入；社会保险覆盖率。

七、现代化进程

（一）现代化问题的提出

现代化这个名词，最早出现在第二次世界大战后，20 世纪 60—70 年代形成热潮。早期较有影响的著作是美国麻省理工学院的社会学教授丹尼尔·勒纳1958年出版的《传统社会的消逝：中东的现代化》，该书认为只有摆脱"传统"，"现代"才有可能出现。早期较有影响的学术会议是1960年在日本箱根举行的"现代日本"国际性学术会议，该次会议被认为是第一次认真而系统地讨论现代化问题的国际学术会议。

在毛泽东主席的建议下，周恩来总理在1964年12月全国三届人大第一次会议的政府工作报告中，首次提出了要在20世纪末实现农业、工业、国防和科学技术四个现代化的目标。1978年3月18日，邓小平同志在全国科学大会开幕式上的讲话中谈到，四个现代化，关键是科学技术的现代化。没有现代科学技术，就不可能建设现代农业、现代工业、现代国防。没有科学技术的高速度发展，也就不可能有国民经济的高速度发展。

1992年初，邓小平同志视察南方时提出，"比如广东，要上几个台阶，力争用20年的时间赶上亚洲四小龙"。

（二）现代化的概念

现代化与科学、文化一样，是个难以界定的名词，从字面上解释就是拥有现代先进科学技术水平、享有现代文明和富裕物质生活条件。邓小平同志对中国基本实现现代化的进程也做过具体的描述："总的来说，我们确定的目标不高。从1981年开始到20世纪末，花20年的时间，翻两番，达到小康水平，就是年国民生产总值人均800到1000美元；在这个基础上，再花50年的时间，再翻两番，达到人均4000美元。那意味着什么？就是说，到21世纪前半世纪，我们可以达到中等发达国家的水平。"

由此，我们认为，现代化水平是在小康基础上向更高层次发展的一个质的飞跃，现代化阶段应具有以下三个特征。

（1）从动态的发展阶段看，现代化阶段是从温饱、小康向富裕过渡的一个生活阶段。

（2）从横向的比较角度看，现代化阶段的科学技术和经济实力应达到中等发达国家的水平。

（3）从需求层次的满足程度看，现代化阶段是人们在消费过程中越过了生存、发展而达到了享受层次。在这一阶段，人们丰衣足食、安居乐业，可以把较多的收入用于享受消费。

（三）现代化进程单项指标统计测度

现代化进程单项指标统计测度方法很多，笔者认为，在诸多统计测度方法中，改进的功效系数法是量纲最科学、经济含义最明确的测度方法。

（四）现代化进程综合指标体系统计测度

毋庸置疑，人均国民生产总值或人均国内生产总值是测量现代化进程的重要指标。但是，光靠一个指标能否全面的测量现代化？答案是否定的。从国际上看，世界绝大多数国家都用一个指标群来反映现代化的内涵，这就需要建立综合指标体系来测度现代化进程。

八、综合竞争力

（一）竞争力的概念

竞争力源于竞争，即在竞争中所体现的能力。竞争是一个古老而又全新的概念，据《辞海》中的解释，竞争是互相争胜的意思。竞争力作为一个专业术语，始于20世纪70年代的美国，最初是以国际竞争力的形式进入学术研究领域的，定义是国家层次上的竞争力。随着全球经济一体化的发展，竞争的格局不断演变，竞争力的研究不断深入，竞争力的内涵不断扩大，竞争力研究的对象层次不断增多，竞争力研究的理论与方法也层出不穷。

（二）竞争力的分类

竞争力按其竞争主体的不同，可分为企业竞争力、产业竞争力、区域竞争力、国际竞争力。从一国范围来看，国际竞争力是一国竞争力的最高层次，企业竞争力是国家竞争力最重要的竞争基础，产业竞争力是国际竞争力的核心部分，国内各区域的竞争力影响国际竞争力的整体水平。但从全球意义上说，从低到高的层次不是固定不变的，区域竞争力有时大过国际竞争力范畴。一般来说，竞争力是处于相同层次上的经济系统之间的竞争，如企业竞争力指企业与企业之间的竞争、产业竞争力指产业与产业之间的竞争、区域竞争力指区域与区域之间的竞争、国际竞争力指国家与国家之间的竞争。但在某些特殊情况下，也存在着不同层次经济系统之间的竞争，如某些大企业或跨国公司与发展中国家经济系统某些产业之间的竞争。

（1）企业竞争力。它指企业目前和未来在各自环境中以比它们国内和国外竞争对手更有竞争力的价格和质量来进行设计、生产并销售货物及对外提供服务的能力和机会。主要影响因素有企业的竞争对手、供应企业、客户企业、潜在竞争对手、替代品、互补企业、成本优势、行业优势、政治经济环境等。

（2）产业竞争力。它指某一产业的竞争力。可以定义为国与国产业的国际竞争，即国家的产业竞争力；也可定义为区域与区域某一产业的竞争，即区域的产业竞争力；相近产业的竞争，即产业本身的竞争力。主要影响因素：①该产业本身发展的因素，如生产要素的状况、需求状况、相关及辅助产业的状况等；②一国或地区为某一产业发展提供的环境因素，如经济、社会和法律因素。

（3）区域竞争力。它指某一区域同其他区域竞争中所体现的能力。区域竞争是相对的，可以是国内某一区域同另一区域的竞争，也可以是全球某一区域同其他区域的竞争，甚至可能是国内的某一区域同国外某一相近区域的竞争。可见在竞争中所体现的区域竞争力是广泛的。影响区域竞争力的因素主要有整体的经济实力、区域内企业竞争力状况、区域的产业定位是否适合本区域的发展、区域地方政府的作用、各类市场的情况、基础设施、金融活动等。

（4）国际竞争力。它指一个国家与其他国家在竞争中所体现的能力。影响国家竞争力的因素主要有一国的经济实力、国际化程度、所能提供的基础设施、金融市场、政府作用等。

目前，世界上对此问题的研究较权威的机构主要有世界经济论坛和瑞士洛桑国际管理学院。这两个机构从20世纪80年代起，就共同合作从事国际竞争力的比较研究，形成了一套较完备的竞争力评价指标体系。他们选取了八大要素，共设有381项评价指标，其中249项硬指标，132项软指标（即通过全球专家间问卷调查得到的指标），于1986年发表了第一份《世界竞争力报告》，引起了世界各国的广泛关注，成为各国政界、经济界领袖审时度势、制定政策与决策的重要参考资料。1995年底，这两家机构因研究方法的分歧而分道扬镳，各自独立研究并发表各自的报告。这两家机构都坚持国际竞争力的八大要素构成，只是在具体要素的选择上存在差异。

世界经济论坛的要素为开放度、政府管理、金融体系、基础设施、技术、企业管理、劳动力、制度。共设有195项指标，其中68项硬指标，127项软指标。

洛桑国际管理学院的要素为国内经济实力、国际化、政府管理、金融体系、基础设施、企业管理、科学与技术、国民素质。共设有244项指标，其中160项硬指标，84项软指标。

从总体上看，世界经济论坛评价指标体系中软指标占绝大多数，洛桑国际管理学院评价指标体系则恰好相反，不过从评价结果来看，两者的差异并不大，因为两家机构采用的基本方法是一致的，即在统计标准化后进行加权平均，只是各自选取的权数有所不同。

（三）区域综合竞争力指标体系统计测度

根据竞争力的内涵、基本要素及其构建指标体系的依据与原则，特别考虑指标数据的科学性、综合性和实用性，区域综合竞争力指标体系的基本框架如下所示。

（1）经济实力。GDP及增长率；人均GDP；工业总产值；社会消费品零售总额；全社会固定资产投资；职工平均工资；人均年末储蓄存款余额。

（2）科技实力。专业技术人员数；每万人专业技术人员数；高新技术产品占GDP比重；研究与开发经费占GDP比重；适龄青年上大学入学率。

（3）政府实力。地方预算内财政收入和支出；人均一般预算财政收入和支出。

（4）产业结构。第三产业占GDP比重；工业化程度；城市化进程。

（5）开放程度。外贸进出口总值；商品出口依存度；实际利用外资；国际旅游收入。

（6）投资环境。建成区绿化覆盖率；人均公共绿化面积；人均铺装道路面积；每十万人拥有病床数；信息化程度。

上述6个子系统共26个定量指标组成区域综合竞争力指标体系，通过综合竞争力指标体系各指标的比较分析，可以揭示各区域在综合竞争力方面所具有的优势和劣势，应吸取的经验与教训，面临的机遇与挑战，为全面提升区域综合竞争力提供决策支持。

第六节　区域经济协调发展综合评价指标体系测度

区域经济协调发展综合评价指标体系是衡量区际经济协调发展，监测各种经济问题的重要手段，它集评价、分析、监测和预测多种功能于一体，在经济领域中有着广泛的应用。研究经济问题离不开社会这个大环境，故本节拟将经济、社会问题结合起来综合测度。

一、综合评价指标体系的构建

（一）综合评价法的产生与发展

综合评价法指通过数量比较对被评价对象做出明确的、全面的评定或判断，排出名次顺序，分出等级的方法。

综合评价法的研究肇始于20世纪60年代的美国。第二次世界大战后，世界绝大多数国家都十分重视经济的发展，人均国民生产总值成了衡量、比较各国经济发展水平的一个十分重要的指标。但是，随着各个国家经济水平的增长，也出现了不少新问题和新矛盾，如人口素质低、环境污染、资源浪费、分配不公、贫富悬殊、道德败坏等问题，以致一些国家出现了有增长而无发展的现象，即经济虽然增长了，但社会却没有发展，人民生活水平也没有提高。这使人们逐渐认识到单纯追求经济增长的片面性和只用人均国民生产总值一个指标来衡量经济社会发展的局限性，进而引发了从经济、社会、科技等多方面建立一套指标体系来综合反映一个国家（或地区）经济社会生活全貌的需求，并由此产生和发展了综合评价理论和方法。

对经济社会综合评价指标体系的研究，我国起步较晚，于20世纪80年代初期才进行研究。在此领域中，我国研究处于领先地位的有中国人民大学、厦门大学、上海财经大学、东北财经大学和中南财经大学等院校，一批较有影响的著作和论文也先后问世。随着研究的深入，我国经济社会综合评价指标体系框架日趋完善，方法日益成熟。现代数理统计学、经济计量学、多元统计分析等不断渗透到经济社会综合评价指标体系的研究中。不少大学的统计系将此内容作为统计专题研究列入教学计划，从而推动了我国经济社会综合评价指标体系研究的进一步发展。

（二）综合评价法实施的基本步骤

1. 确定综合评价的目的

确定综合评价的目的是综合评价法的出发点，在综合评价中，首先要根据所要解决的问题，确定综合评价目的。重点解决为什么要综合评价，综合评价事物的哪些方面，达到什么目的等。只有目的明确，才有可能顺利解决所要解决的问题。

2. 选择并构建综合评价指标体系

选择并构建综合评价指标体系是综合评价法的关键。选择指标构建综合评价指标体系，必须以综合评价目的为依据，对所要考查的事物进行认真分析，寻找出影响评价对象的因素，从中选出若干主要因素，构建成综合评价指标体系。

在多指标综合评价中，评价指标体系的构建是最重要的问题，是综合评价能否准确反映全面情况的前提。如果评价指标选择不当，再好的综合评价方法也会出现差错，甚至完全失败。选择并构建综合评价指标体系应遵循以下几项原则。

（1）系统全面性原则。综合评价指标体系必须能够较全面地反映经济社会发展的综合水平，综合评价指标体系应包括经济水平、科技进步、社会发展和生态环境的各个主要方面的内容。除了设置上述指标外，还应考虑设置与之关系密切的经济结构、人口素质、居民物质生活水平和自然资源等指标。

（2）稳定可比性原则。综合评价指标体系中选用的指标既要有稳定的数据来源，又要适应我国实际。指标的口径，包括指标的时间长度、计量单位、内容含义必须一致可比，只有这样才能保证评估结果的真实、客观和合理。

（3）简明科学性原则。在系统全面性的基础上，尽量选择具有代表性的指标，要避免选择含义相近的指标。指标体系的设置应具有一定的科学性，做到简明科学。

（4）灵活可操作性原则。综合评价指标体系在实际应用中应具有一定的灵活性，以方便全国各地区不同发展水平、不同层次评价对象的操作使用。各个指标的数据来源渠道要畅通，具有较强的操作性。

3. 确定观测指标的量纲方法

根据综合评价指标计算过程的不同特点，确定观测指标的量纲方法大致可分为两类：一类为采用有量纲化指标评价方法；另一类为采用无量纲化指标评价方法。

有量纲化指标评价方法，主要采用总分评定法，或称综合计分法。总分评定法的步骤可以归纳如下。

（1）根据评价的目的和评价对象的特点，选择若干个评价项目或评价指标，组成评价指标体系。

（2）确定各项目或各指标的评价标准和记分方法。常用的计分法有等级量化处理。

（3）综合评判结果，把各指标（或各项目）得分加总，即得该评价对象的总分。

无量纲化指标评价方法，观测指标的无量纲化主要指通过某种变换方式消除各个观测指标的计量单位，使其转化为统一、可比的变换过程。

4. 确定评价指标的合成方法

评价指标的合成方法指无量纲化变换后的各个指标按照某种方法进行综

合，得出一个可用于评价比较的综合指标。合成方法主要有总和合成法、乘积合成法和混合合成法三种，其中常用的是总和合成法。

简单算术平均将不同评价指标的重要性同等看待，但现实综合评价指标体系中各指标的重要性是不同的，故应赋予不同指标一定的权数，只有这样才能准确地反映实际情况。

5. 确定评价指标的权数

评价指标的权数指评价指标体系中每个指标的重要程度占该指标群的比重。在多指标综合评价中，因各指标在指标群中的重要性不同，因此，不能等量齐观，必须客观地确定各指标的权数。权数值的确定准确与否直接影响综合评价的结果，所以科学地确定指标权数在多指标综合评价中具有举足轻重的地位。评价权数的确定方法有德尔菲法（又称专家评估法）、层次分析法、强制打分法、主成分分析法、因子分析法和相关系数构权法等，其中最常用的是德尔菲法和层次分析法。

（1）德尔菲是阿波罗神殿所在地的希腊古城之名。传说阿波罗是太阳神和预言神，众神每年到德尔菲集会以预言未来。20世纪40年代，美国兰德公司运用德尔菲集会形式，向一组专家征询意见，将专家对过去历史资料的解释和对未来的分析判断汇总整理，经过多次反馈，尽可能取得统一意见。因此，德尔菲法也称为专家评估法。

在综合评价指标的权数确定中，为了提高权数的准确性，往往需要聘请评价对象所属领域内专家对各个评价指标的重要程度进行评定，给出权数。一般程序是先由各个专家单独对各个评价指标的重要程度进行评定，然后由综合评价人员对各个专家的评定结果进行综合，计算出平均数，并反馈给各位专家，如此反复进行几次，使各位专家的意见趋于一致，从而就可以确定出各评价指标的权数。

（2）层次分析法是美国运筹学家，匹兹堡大学萨蒂教授于20世纪70年代创立的一种定量与定性相结合的多目标决策分析方法。

层次分析法的基本思路。层次分析法把一个复杂决策问题表示为一个有序的递阶层次结构，通过人们的比较判断，计算各种决策方案在不同准则及总准则之下的相对重要性量度，据此对决策方案的优劣进行排序。这一方法的基本思路是将决策者的经验判断给予量化，从而为决策者提供定量形式的决策依据。

层次分析法的应用首先需确定各层次的目标体系。所谓分层，就是根据研究目标之间的内在联系，逐步将其分解为多层次的目标体系。层次的目标体系有树状目标结构体系和网状目标结构体系两种。

6. 确定评价标准和计算评价值

评价标准一般包括时间评价标准、空间评价标准、历史评价标准、定额评价标准和经验评价标准等。评价标准不同，计算分析的评价结果也就不同，因此，评价标准选择恰当与否，关系到对事物正确评价的成败问题。确定好评价标准后，便可以按评价标准计算评价值。

7. 分析综合评价结果

通过排序，指出评价对象的成绩和存在的主要问题，并结合各个评价对象所处的环境和条件，分析问题的原因，提出改进的措施。

二、世界指标体系和评估标准

由于经济社会指标有上千个，为了便于综合分析，世界各国研究机构和研究人员都在探索用少量的有代表性的重要指标组成经济社会指标体系，采用科学的方法，计算出综合指数进行评价和分析。在经济社会综合指标评价方法的发展过程中，以下几种评价指标体系或指数在世界上较有影响。

（一）联合国社会发展研究所提出的指标体系

早在1970年，联合国社会发展研究所就对居民小康生活水平进行研究，设立了一套指标体系，它包括7个领域21个小类，分别按赤贫、贫困、小康、富裕4种类型定出了一个粗略的标准。该指标体系涉及的范围比较宽泛，在经济社会综合指标体系发展的早期，该指标体系是可取的，对后续的研究产生了较大的影响。但该指标体系没有给出具体的数量标准，只列出指标的强弱程度，不便进行量化比较。

（二）经济业绩指数与痛苦指数

20世纪70年代初，西方国家为了综合评价区域经济的发展和国家宏观管理的效果，采用国民生产总值增长率、通货膨胀率和失业率3个指标建立一个综合评价指标体系，称为经济业绩指数，简称EPI指数。

在该指数中，通货膨胀率与失业率之和又称为痛苦指数。在动态比较中，如果通货膨胀率与失业率这两项指标都下降，称为最佳指数；如果两项指标一升一降，称为一般指数；如果两项指标都上升，则称为最差指数，意味着经济困难，人民生活痛苦。西方国家痛苦指数的升降往往直接影响执政党竞选的成败。

（三）美国海外发展委员会提出的实际生活质量指数

1977年美国海外发展委员会提出了一个综合衡量人民的营养卫生和国民教育水平的统计测度指标体系，称为实际生活质量指数，简称PQLI指数，该指数由成人（15岁以上人口）识字率、婴儿死亡率和1岁婴儿预期寿命3个指标组成。

（四）美国社会卫生协会指数

研究者在对实际生活质量指数进行改进的基础上，提出了一个综合反映社会经济发展的统计测度指标，称为美国社会卫生协会指数，简称ASHA指数。

该指数采用乘积合成的方法，由于人口出生率和婴儿死亡率是逆指标，所以放在分母中，平均估计寿命与70岁相比进行了指数化无量纲变换，其余指标由于都是无量纲的比率指标，所以不需要进行变换。ASHA指数与PQLI指数相比，综合的范围更宽，不仅考虑了经济的发展，而且也考虑了国民健康和教育状况，因而这个指数被许多研究组织、学术团体和国际机构采用或加以修改后采用。

（五）美国宾州大学社会学教授艾斯特斯提出的指标体系

1984年，美国宾州大学社会学教授艾斯特斯用36项经济社会指标对1983年世界124个国家（地区）进行定量评价，评出我国1983年社会进步指数为74，居世界第77位。

（六）联合国开发计划署提出的指标体系

1990年，联合国开发计划署，用平均预期寿命、成人识字率、人均国民生产总值三项指标组成一套指标体系，综合计算世界各国居民生活质量，也称人文发展指数。当时在130个国家（或地区）中我国居第65位，而人均国民生产总值排第108位。

（七）中国社会科学院根据世界银行《1990年世界发展报告》和联合国数据整理而成的指标体系

1991年，中国社会科学院根据世界银行《1990年世界发展报告》，联合国开发署、联合国粮农组织以及联合国社会发展研究所的数据资料，用21项指标按贫富标准划分整理成指标体系（国际标准）。

(八）中国社会科学院根据世界银行《1990年世界发展报告》整理而成的指标体系

中国社会科学院根据世界银行《1990年世界发展报告》，用16项指标组成一套经济社会指标体系。该指标体系共分四个部分：一是经济发展水平；二是社会结构；三是人口素质；四是生活质量。

1992年我国的综合得分为71分，居118个国家和地区的第67位，低于世界83分的平均水平，这说明我国还处于不发达国家的行列。但是我国的综合得分又处于42个低收入国家平均得分和53个中等收入国家平均得分之间，比低收入国家平均55分高16分，比中等收入国家平均84分低13分，这说明我国正在向中等收入国家的经济社会发展水平迈进。

20世纪90年代，比较著名的指标体系是英格尔斯现代化指标体系。20世纪80年代初，美国斯坦福大学社会学家英格尔斯教授，调查了各种不同类型国家的经济社会情况后，提出了实现现代化的10项指标。由于英格尔斯教授提出的指标体系较简明扼要，而且也给出了现代化指标的对照值，就像一把尺子量出了世界各国的现代化水平，因此，其被誉为一种很有参考价值的、简便的目标法评价指标体系，很快在国际上流行起来。

三、本书的评价体系和评估标准

从经济社会综合评价指标体系的发展过程看，以联合国、美国以及我国的研究成果较为成熟，特别是美国社会学家英格尔斯的研究成果得到国际认可，在国际上较为通行。上述的研究对指标体系较为重视，指标体系不断发展、日益完善，但是对评估标准和综合指数合成方法的研究就不甚深入，特别是用简单算术平均法对各指标的权重同等看待，忽视了某些指标的重要性，不能较科学地反映各国（或地区）经济社会方面的现代化进程。下面将在世界指标体系和评估标准的基础上，扬长避短，根据我国的特色及具体情况，强调可持续发展的目的性，提出一套指标体系较简洁、评估标准较科学、指数合成方法较准确的综合评价指标体系和评估标准，科学地测量全国经济社会全面协调发展的现代化进程。

（一）区域经济协调发展综合评价指标体系的评估标准和基本框架

1. 定额评估标准

本书以现代化目标作为定额评估标准。

2. 区域经济协调发展综合评价指标体系框架

根据现代化的定义与特征，参照国内外评估标准和要求，结合我国现代化建设的实际情况，笔者从可持续发展中的经济水平与经济结构、科技进步与人口素质、社会发展与居民物质生活水平、生态环境与自然资源等四个方面精选了16个指标，构建了反映区域经济协调发展的综合评价指标体系。这一体系分三个层次：第一层为总指标；第二层为类指标；第三层为具体指标。

3. 区域经济协调发展综合评价指标体系合成方法的选择

评价指标体系的合成方法指将无量纲化变换后的各个指标按照某种方法进行综合，得出一个可用于评估比较的综合指标。

（二）区域经济协调发展综合评价指标体系的主要内容

1. 经济水平与经济结构

（1）人均GDP。人均GDP指国内生产总值与年平均人口之比，反映一个国家（或地区）在一定时期内提供的人均产品增加值之和。该指标是国民经济的最主要指标，也是区域经济协调发展综合评价指标体系中极其重要的指标。

1997年世界银行对世界133个国家和地区的人均GDP进行分类，共划分为四个档次，即低收入为785美元以下，下中等收入为786—3125美元，上中等收入为3126—9655美元，高收入为9756美元以上。按照各国官方汇率进行名次排序，我国当年人均GDP为860美元，排名第81位。

（2）第三产业增加值占GDP比重。该指标主要从总体上考查地区产业结构水平，比重越高，表示该地区的产业结构层次越高，可持续发展经济基础越扎实。世界银行《1997年世界发展报告》认为：第三产业占GDP比重，小康水平为35%，宽裕水平为50%，富裕水平为61%。

1990—1998年，全国第三产业占GDP比重从31.3%上升到32.9%，平均每年上升0.001 9个百分点，按此速度发展，2010年应为35.2%，2020年应为37.1%。这个速度远远跟不上经济形势的要求。全国人均GDP最高者为北京，其为56.6%，达到现代化水平；最低者安徽为29.0%，仍未达到小康水平。广东为36.9%，刚刚达到小康水平。

（3）商品出口依存度。商品出口依存度指贸易出口总额与国内生产总值GDP的比值，它反映商品出口规模与国内生产总值的依存关系，即某一地区经济（国内生产总值）变动对贸易出口的影响程度及经济变动对外界的影响程度，属于区域经济协调发展综合评价指标体系中的经济基础指标。在现代化进程中，对我国来说，商品出口依存度的小康水平为20%，现代化水平应超过50%。1998年全国商品出口依存度平均水平为19.2%，仍未达小康水平。全国各省份商品出口依存度最高者广东为79.1%，其中广东省东莞市商品出口依存度高达304.1%；最低者河南仅为2.3%。

2. 科技进步与人口素质

（1）研究与开发经费占GDP比重。其指研究与开发活动（含基础研究、应用研究与实验发展）的经费占GDP比重。该指标用于衡量科研开发的投资力度，反映区域经济协调发展水平的技术能力，是可持续发展的重要内容。发达国家非常重视研究与开发经费的投入。据统计，1996年研究与开发经费占GDP比重，美国是2.45%、日本是2.96%、韩国是2.69%、我国是0.50%。1998年我国提高到0.68%，其中最高者北京高达8.38%，扣除为地方服务的部分，北京仍然高达4.19%，最低者福建仅为0.11%（1998年福建研究与开发经费筹集总额为3.6亿元，绝对量并不低，但与3 330.18亿元的GDP一比，却是全国最低者）。其中广东1997年为0.39%，1998年为0.48%。根据国内外标准，小康水平为0.5%，现代化水平应高于2%。

（2）工业化进程。工业化进程代表了科技的进步，是衡量区域经济协调发展的一个重要指标。1998年，我国工业化进程系数为0.479 3，仅仅处于工业化中期阶段，其中最高者上海为1.192 2，基本完成工业化过程，正向工业化高级阶段进展；最低者贵州为0.301 4，仍处于工业化起步阶段。

（3）适龄青年上大学入学率。该指标指18—22岁适龄青年上大学在校生数与全部适龄青年人数之比，它是反映经济社会协调发展中人口素质和智力能力的一个重要指标。人口素质的提高必须依靠教育的普及，目前我国已基本普及九年义务教育，部分发达地区已开始普及高中教育。但是，与发达国家相比，适龄青年上大学入学率还相对较低。据统计，1994年，全世界适龄青年上大学入学率平均值为15.8%，一些发达国家如美国、英国、澳大利亚分别为81.1%、48.3%和68.7%，亚洲的日本、新加坡、韩国分别为30%、8%和

48%。作为发展中国家的泰国、菲律宾为19.4%和27.4%。我国1994年为4%，其中最高者北京达到24%，广东1997年该数值为7.4%、1998年为8.16%。

由于适龄青年上大学入学率指标是一个新指标，全国各地区资料难以取得，笔者只得暂时选择与其相关性较强的指标，即以人均财政教育经费投入额来替代。该指标是衡量国家（或地区）财政对教育投入力度的重要指标，早在1990年，韩国人均财政教育经费投入额为371美元，1998年已突破600美元。

（4）人口自然增长率。人口自然增长率指一定时期内（通常为一年）人口自然增加数（出生人口减去死亡人口）与同期平均人数（或期中人数）之比，反映经济社会协调发展人口变动的生殖能力。该指标是经济协调发展综合评价指标体系中的逆指标。

3. 社会发展与居民物质生活水平

（1）城镇人口比重。城镇人口比重指城镇人口占总人口比重。城镇人口比重是城市化人口进程的重要指标，由于全国各省份城市化人口进程指标《中国统计年鉴》未统计，无法使用，故笔者用城镇人口比重替代。由于城市化进程的需要，无论劳动密集型产业，还是技术装备水平高的产业，都吸纳了大量农村剩余劳动力，这最直接地促进了城镇人口数量的增加，因而可采用城镇人口占总人口比重指标，即城市化进程来间接衡量社会发展的规模和水平。该指标是区域经济协调发展综合评价指标体系中的一个比较重要的指标。城镇人口比重小康水平为30%，现代化水平应高于50%。

据统计，世界城镇人口占总人口比重，高收入国家为78%，上中等收入国家为74%，中等收入国家为49%，下中等收入国家为42%。美国为77%，英国为89%，日本为78%，韩国为83%。1998年我国城镇人口比重为30.4%，刚刚达到小康水平，全国城镇人口比重最高者山西高达74.1%（主要是煤矿工人占较大比重），其次是上海为65.2%，最低者西藏仅为13.5%。

（2）信息化综合指数。信息化是实现现代化的一个重要标志，信息化不仅是一个过程，而且是现代化建设的一项重要任务。江泽民同志曾指出："四个现代化，哪一个也离不开信息化。现代化如果不实现信息化，那就不是真正意义上的现代化。"由于资料限制，本书设计的信息化综合指数仅用城乡居民平均百户居民电话拥有量、平均百户居民电视拥有量和城镇居民平均百户电脑拥有量三个指标综合而成，并设计信息化综合指数小康水平为40%，现代化水平应高于90%。

1998年，我国信息化综合指数为32.7%，仍未达到小康水平，究其原因，主要是城乡居民平均百户居民电话拥有量和城镇居民平均百户电脑拥有量百分比较低。全国最高者北京为68.3%，超过小康水平，正向现代化迈进；最低者西藏为13.8%，高低极差为54.5%。

（3）恩格尔系数。恩格尔系数由德国统计学家恩格尔于19世纪提出，它指居民食品支出占生活费收入的比重。其一般变化规律是随着居民收入水平的提高，恩格尔系数呈下降的趋势。恩格尔系数是国际上用来衡量居民生活水平状况的重要指标，目前，联合国划分各国贫富标准采用的就是恩格尔系数。一般认为恩格尔系数在30%以下者为最富裕生活；在30%—40%者为富裕生活；在40%—50%者为小康水平；在50%—60%者为勉强度日；在60%以上者为绝对贫困。我国居民的房租、水电、医疗卫生和保健以及其他服务项目的费用比西方国家要低得多，因此，这一标准在我国应用具有一定的局限性。但是，为便于国际间的对比，我们仍借用这一标准。

1998年，我国城镇居民恩格尔系数为44.48%，刚刚达到小康水平，而日本1930年为54%，1935年下降到50%，1960年又下降到43.1%。我国城镇居民恩格尔系数最低者山东为39.62%，最高者海南为55.04%。

（4）城镇居民人均居住面积。城镇居民人均居住面积指按常住人口平均的钢筋混凝土或砖木结构的房屋室内面积。住宅的质量和舒适程度反映着人们的生活质量，是经济社会协调发展的重要内容之一。城镇居民人均居住面积小康水平为15平方米，现代化水平为30平方米。

1998年，我国城镇居民人均居住面积为13.63平方米，仍未达到小康水平。全国最高者浙江为19.86平方米；最低者青海仅为8.72平方米，高低极差达11.14平方米。

（5）平均每名医生服务人口。平均每名医生服务人口指一定区域内全部人口与医生数之比，该指标的高低反映着居民生活质量和健康保障情况的优劣。该指标是经济社会协调发展综合评价指标体系中的逆指标，是经济社会可持续发展的重要内容之一。这一指标值在国外普遍较高，1994年日本为610人、新加坡为820人。美国英格尔斯认为现代化的标准为1000人。根据我国的特点，我们认为小康水平为1000人，现代化水平应低于600人。

据统计，1998年平均每名医生服务人口，全国平均为624人，最低者北京为240人，已经处于现代化水平；最高者安徽为909人，也达到小康水平。平均每名医生服务人口指标，我国已经达到英格尔斯设计的现代化水平。

4. 生态环境与自然资源

（1）"三废"处理治理达标率。此指标指工业废水处理率、工业废气治理率和工业固体废物综合治理率的平均值。"三废"处理治理达标率可以体现企业和政府控制污染的力度，反映出经济社会协调发展的环境优化的状况。"三废"处理治理是控制环境加速恶化的重要环节，达标率一定要控制在98%以上。

据统计，1998年，我国"三废"处理治理达标率为78.3%，超过小康水平。全国最高者上海为92.4%，已接近现代化水平；最低者西藏为34.1%，对"三废"基本没有处理治理。虽然西藏由于面积广阔，人口稀少，污染显得并不严重，但对"三废"问题，若不重视、不处理治理，将殃及子孙后代。

（2）耕地垦殖指数。耕地垦殖指数指耕地面积占土地总面积的比重，该指标是经济社会协调发展中的重要指标。

粮食是人类生存的基本条件之一，而粮食生产对土地有极强的依赖性，要实现粮食总产量的稳定增长，一方面要提高土地产出率，另一方面要综合开发利用非耕地资源，合理扩大耕地面积。据统计，我国全国耕地面积由1980年的223.5万平方千米，降为1990年的216万平方千米，到1998年更降为213万平方千米，耕地垦殖指数分别为10.3%、10.0%和9.9%，呈降低趋势，与可持续发展目标不相符。因此，要建立现有耕地保护制度，加速荒地、荒坡、荒滩等地的开发，扩大耕地面积，提高垦殖指数，实现生态环境与自然资源的可持续发展。耕地垦殖指数小康水平为10%，现代化水平应达到30%。

1998年，全国最高者上海高达50.0%；最低者西藏仅为0.2%，高低极差达48.8%。

（3）城市人均公共绿地面积。城市人均公共绿地面积指按人均计算的各种公园、动物园、植物园、陵园和供游览休息用的林荫道绿地、广场绿地（不包括一般栽植的行道及林荫道的面积）。该指标是衡量城市生态环境质量与自然资源保护程度的重要指标。该指标小康水平定为5平方米，现代化水平定为10平方米。

1998年，我国城市人均公共绿地面积为6.06平方米，超过小康水平。全国城市人均公共绿地面积最高者西藏高达29.54平方米；最低者重庆仅为2.29平方米。

（4）环保投资占GDP的比重。该指标反映对环保的投入，体现了在经济社会协调发展中的环境发展能力，是可持续发展的重要保证。现代化进程中，不可避免地存在程度不同的环境污染，但是，人们保护环境的意识必须提高，环保的法制体系必须完善，否则，以破坏环境为代价的经济增长必然不可持续发展，必将殃及子孙后代。这就要求人们加大环境保护和生态建设的投资力度。

据世界环保组织的有关研究表明，当该比重为1.5%左右时，环境质量处于较差的状态；当该比重为2.5%左右时，环境不至于恶化；当该比重达到3.5%时，环境质量出现好转。笔者认为，环保投资占GDP的比重小康水平可以定在1.5%，现代化水平定为3.0%。

由于《中国统计年鉴》没有统计该项指标，所以笔者只得寻找一个相近的指标来代替，即污染治理项目投资占GDP比重。它指污染治理项目投资总额与GDP之比。该项指标的意义与环保投资占GDP的比重基本相同。污染治理项目投资占GDP比重小康水平为0.15%，现代化水平为0.30%。

1998年，我国污染治理项目投资占GDP比重为0.153 7%，基本达到小康水平。全国最高者江苏为0.324 0%；最低者海南仅为0.032 7%。

第五章　区域政府竞争与市场竞争的测度及互动关系分析

一直以来，地区间的竞争既是我国区域经济快速增长的重要驱动力，也是我国区域不平衡经济格局形成的诱因。而政府和市场作为区域间经济关系形成的两个重要主体，其在地区间竞争机制上表现出了不同的作用。本章在创新区域政府竞争与市场竞争的测度方法的基础上，从时间和空间维度，考查了我国区域间政府竞争和市场竞争的现状和互动关系。

第一节　区域政府竞争的测度及现状考查

一、区域政府竞争测度的理论依据

有学者为讨论财政支出对经济增长的影响，将财政支出分为生产性财政支出和消费性财政支出两类，并发现这两类财政支出对经济增长的影响不同。之后，国内外众多学者在这一思路下研究了财政支出结构对经济增长的影响。许多学者发现，我国区域财政支出结构会向生产性支出倾斜，这在很大程度上是由财政分权背景下地方政府间的竞争行为导致的。关于出现这一现象的原因，学者们的解释各有差异。罗兰（Roland）认为，基础设施建设带来的经济效应要远远大于其社会效应，故地方政府更加倾向于以基础设施建设为代表的生产性财政支出，从而会降低消费性财政支出的比例；海涅（Heine）的研究则认为资本要素是稀缺资源，具备较强流动性，政府之间的竞争表现为对资本要素的竞争，而生产性财政支出是有效的竞争手段；张宇认为生产性财政支出的经济效应更多地表现在区域内部，不具备正外部性，然而消费性财政支出是区域间共享的具备较强的外部性，这就导致了地方政府对生产性支出的偏好；饶晓辉和刘方通过对我国财政支出的规律进行分析，认为我国地方政府的财政支出是以生产性支出为主的。上述研究都给了我们一个重要的启示，即地方政府间的竞争行为会导致区域间的财政支出的结构性偏离，而地区政府更加偏好生产性财政支出，这也表明生产性财政支出比例的提升意味着地区政府竞争意愿的提升，显示出了政府竞争程度的加剧。从生产性财政支出比例视角对政府竞争进行测度是有学术基础的，是合理和正确的。那么，生产性财政支出和消费性财政支出的边界是如何界定的呢？

在生产性财政支出的界定上国外学者的研究起步相对较早。阿绍尔（Aschauer）认为以交通业为主要代表的基础建设支出是生产性财政支出的主要内容。

二、区域政府竞争的空间布局分析

由政府竞争的测度结果可得以下结论。

（1）我国区域政府竞争程度的不平衡性显著，区域差距较大。2014年我国区域政府竞争程度排名前八的分别是青海（0.457）、西藏（0.448 7）、上海（0.402 5）、云南（0.388 1）、北京（0.381 1）、宁夏（0.380 9）、福建（0.373 3）、山西（0.368 2）。2014年我国区域政府竞争程度排名后八的分别是河南（0.270 4）、天津（0.276 2）、重庆（0.292 7）、湖南（0.293 7）、辽宁（0.297 7）、广西（0.299）、山东（0.300 7）、安徽（0.315 1）。前八省份政府竞争程度均值是0.4，而后八省份政府竞争程度均值是0.293 2，均值的差值为0.106 8，相当于地区财政支出的10%，这体现出了很大的差距。另外，我国区域政府竞争程度的区域不平衡性相对较强，同一经济区域内在经济和区域特征上存在差异的不同省（自治区、直辖市）的政府竞争程度有很大差距。就东部地区而言，上海、北京和福建的政府竞争程度相对较高，分别达到了0.402 5、0.381 1和0.373 3，而天津、辽宁、山东的政府竞争程度相对较低，分别为0.276 2、0.297 7和0.300 7。就中部地区而言，资源大省陕西的政府竞争程度高达0.368 2，而湖南、安徽的政府竞争程度却相对较低，仅为0.293 7和0.315 1。就西部地区而言，青海、西藏的政府竞争程度最高，分别达到0.457 0和0.448 7，而重庆、广西的政府竞争程度相对较低，分别是0.292 7和0.299 0。

（2）我国区域政府竞争程度呈现出了空间区域特征。政府竞争程度较高的区域主要集中在西藏、青海、云南，政府竞争程度相对较低的区域集中在新疆、甘肃、四川、贵州、内蒙古，其次是黑龙江、吉林区域和山西、湖北区域，再次是山东、河南、安徽区域和湖南、广西区域。通过经验性的观察，我们发现虽然经济发展水平与政府竞争程度并不是呈现出严格的线性相关性的，但也体现出一定的空间区域特征，即先发省份更加倾向于较低水平的政府竞争策略，而后发省份更加倾向于实施较高水平的政府竞争策略。

（3）2007—2014年我国区域政府竞争程度的空间格局演变使得本来较为显著的空间区域特征更加复杂化。2007年区域政府竞争呈现出了鲜明的空间集聚特征，主要包括四个区域，即西藏、云南、贵州区域，新疆、青海、内蒙古、黑龙江、吉林区域，北京、辽宁、河北、陕西、河南、山东区域，浙江、江苏、福建、江西、湖北区域。观察2007—2014年的空间格局演变发现，一些省份改变了其竞争策略，如同属于先发省份的河北、江苏、广东等，同属于后发省份的山西、安徽等。另外，区域政治作用也影响到了政府竞争空间格局演变，如我国政治中心北京以及同属于直辖市的经济中心上海。鉴于区域规模和税收规模的差异，直辖市的生产性财政支出比例相对较低，生产性财政支出比例相对较高。同时，在经济新常态背景下，经济增长放缓压力成为先发省份地方政府选择政府竞争策略的主要诱因。

三、区域政府竞争的时间走势分析

我国区域政府竞争程度总体上呈现出了波动性缓慢上升的趋势。具体而言，2009年以前我国地区政府竞争呈现出快速上升的趋势，2008年经济危机的爆发使得政府对市场的干预程度大幅提升，政府竞争成为地方政府施政的重要策略。2009—2011年，我国各区域政府竞争程度相对比较稳定，2011年后政府竞争程度开始逐步下降，2011年国务院政府工作报告指出"要大力实施科教兴国战略"，并要求"推动教育事业科学发展，为人们提供更加多样、更加公平、更高质量的教育。"这使得我国各地区生产性财政支出比例得到大幅提升，生产性财政支出得到了一定的约束，地方政府竞争行为受到了限制。2012年国务院政府工作报告提出"大力发展社会事业，促进经济社会协调发展；各级政府加大对科技、教育、文化、卫生、体育事业的投入，全国财政支出2.82万亿元。"2013年之后，经济新常态背景下，经济下行压力加大，为了扭转不利的经济局面，地方政府更加倾向于实施政府竞争策略。

政府竞争程度的区域分化现象，如青海、山西、陕西等中西部地区的政府竞争程度在不断提升，而江苏、辽宁、山东、广东等东部省份的政府竞争程度相对比较平稳，这也进一步表明，对于不具备市场优势的中西部地区而言，政府竞争是其区域发展较好的策略选择,而东部地区的市场干预程度和方式都比较成熟,所以政府竞争程度处于平稳状态。

第二节 区域市场竞争的测度及现状考查

一、区域市场竞争测度的理论依据

本书在政府竞争的测度上是从竞争手段这一视角着手的,同样,本书对市场竞争的测度也是从竞争手段视角出发的。根据理论分析部分的概念界定,区域间市场竞争的主要手段是市场主体的市场行为和市场活动。那么,什么指标可以清晰地反映出市场主体的市场活动状况呢?李建伟在讨论我国经济运行和市场活动的过程中运用固定资产投资指标分析我国经济运行的周期性波动特征。刘恒和陈述云利用固定资产投资指标反映市场主体形成的经济活动周期性态势,并分析经济运行的短期波动效应。陈磊等在对经济景气状况进行分析的过程中,认为固定资产投资反映出了市场主体的投资愿望(即投资"热度"),显示出了市场主体的经济活动特征和运行特点。由此可知,固定资产投资可以反映出市场主体的市场活动状况。那么,还需要解决的问题是,如何运用固定资产投资指标反映出市场竞争的"市场"特征和"竞争"特征。

与"市场"特征所对应的是"政府"行为。在我国目前的经济特征中,政府的作用不仅仅体现在宏观调控职能上,还通过国有企业投资这一国家市场力量参与到市场行为中。由于国有企业投资的决策主体是政府,其更多体现的是政府竞争的作用,而并不能较好地反映出市场机制下的区域竞争特性。因此,本书采用非国有固定资产投资对区域的市场活动进行反映。另外,本书聚焦的"竞争"是区域间的竞争,这体现出了市场主体的市场活动和行为的区域间比较特性,即显示出一个区域非国有固定资产投资与其他区域的比较差异。

二、市场竞争的区域差异比较分析

由市场竞争的测度结果可知,我国区域市场竞争程度的空间格局呈现出了区域阶梯式分布、区域间差距较大的特点。2014年我国区域市场竞争程度排名前八位的分别是山东(0.0969)、江苏(0.0889)、河南(0.0701)、河北(0.0592)、广东(0.0553)、辽宁(0.0525)、浙江(0.0492)、湖北(0.047)。2014年我国区域市场竞争程度排名后八位的分别是北京(0.0138)、贵州(0.0126)、甘肃（0.012 1）、上海（0.011 9）、海南（0.006 3）、宁夏（0.005 7）、青海（0.003 9）、西藏（0.000 9）。比较发现，市场竞争程度较高的省份大部分是我国经济发展水平较高的东部地区，而市场竞争程度较低的省份大部分是我国经济发展水平较低的中西部地区。值得关注的是，北京和上海两个直辖市的市场竞争程度并不高，这主要是因为：一方面，直辖市的经济总量相对较低，另一方面，直辖市的国有企业投资相对较高。

随着 GDP 水平的不断增加，我国各区域的市场竞争程度在不断提升。前八位地区的市场竞争程度均值是 0.064 9，而后八位地区的市场竞争程度均值是 0.008 4，前者是后者的 7.73 倍，这体现出了我国区域间市场竞争程度的较大差距。虽然目前区域间市场竞争程度差距较大，但这一差距呈现出了逐步缓和的趋势，本书计算了 2008—2014 年指标的标准差，分别是 2008 年的 0.027 3、2009 年的 0.026 8、2010 年的 0.025 9、2011 年的 0.025 3、2012 年的 0.024 4、2013 年的 0.024 0、2008 年的 0.023 9。

通过观察发现，沿海省份的市场竞争程度普遍较高，除福建、北京、上海外，其他省份的市场竞争程度均位于 0.004 7—0.096 9 的第一阶段。而中部地区的市场竞争程度大部分位于 0.014 1—0.044 5 的第二、三阶段，西部地区的主要分布于 0.000 9—0.013 8 的第四阶段，这充分显示出了我国市场竞争程度空间分布的区域阶梯式特征。

我国区域市场竞争程度呈现出了空间集聚特点。我国市场竞争程度的空间集聚主要体现在四个区域，即辽宁、河北、山东、河南、湖北、江苏、浙江区域，安徽、湖南、江西、福建、广西区域，四川、陕西、内蒙古区域，甘肃、青海、西藏区域。

先发省份更加倾向于实施市场竞争策略，而后发省份对市场竞争策略的偏好不强。

区域市场化程度是市场竞争的重要影响因素。一般而言，市场化程度越高，市场机制相对越完善，区域间的市场作用对地区间竞争的影响越强。故此，市场化程度相对较高的省份，其市场竞争程度也会相对越高。同时，区位经济比较优势也是市场竞争的重要影响因素。如东三省的吉林和长春，其市场竞争程度较为接近。

2007—2014 年我国区域市场竞争程度的空间格局演变并不显著，总体平稳性较强。但在经济新常态背景下，经济增长放缓压力使得一些先发省份的市场竞争程度有所下降。

三、市场竞争的时间演变特征分析

我国市场竞争程度呈现出了周期性波动的走势。2007—2014年的市场竞争可分为三个阶段。一是2007—2010年阶段，2007年国务院政府工作报告提出"进一步放宽市场准入、引入竞争机制，实行投资主体和产权多元化"，这为市场竞争机制的深入发展提供了政策支撑，2008年经济危机的爆发使得市场竞争程度开始迅速下滑，政府对市场的干预加强。二是2010—2012年阶段，经济危机的负效应在2010年得到了缓冲，且政府在2010年工作报告中着重强调发挥市场在资源配置中的作用，这为市场竞争程度的提升提供了保障。三是2012—2014年阶段，2012年国务院政府工作报告中再次为市场机制"添加动力"，报告中提出要"理顺政府与市场的关系，更好地发挥市场配置资源的基础性作用"，市场竞争程度不断攀升。

那么，为什么市场竞争程度走势呈现出周期性呢？国内外学者给出了一些答案。郭庆旺和赵旭杰认为地方政府投资竞争是影响市场经济活动周期性波动的重要因素。运用标准随机增长模型，在美国样本数据的基础上，研究发现生产力冲击和需求冲击对市场经济活动周期性波动产生了差异化的影响。需求是我国三驾马车的重要支撑，需求的波动不仅影响着市场周期性的变动，同时也影响着区域间的市场结构性竞争。施发启认为经济变量及要素和经济产业结构的变动是影响市场经济活动周期性波动的重要诱因，资本增量的变化是周期性变动的主要内容。

数据分析过程中，本书还发现市场竞争程度还呈现出了区域化的变动态势。得出了以下结论：其一，我国市场竞争程度呈现出了阶梯式的变化，东部地区市场竞争程度高于中西部地区，中部地区市场化程度高于西部地区；其二，就区域内部而言，市场竞争程度的变化并不显著，这进一步验证了市场竞争程度的区域特征；其三，中部地区市场竞争程度呈现出了缓慢上升的趋势，这表明我国经济发展具有区域性的"承接"特征。

第三节 政府竞争和市场竞争相互关系的实证检验

一、政府竞争和市场竞争的面板数据检验

1. 面板数据的平稳性检验

为避免实证检验过程中出现数据不平稳的问题，本节将对面板数据的序列平稳性进行检验。目前，在平稳性检验上，国内外学者普遍采用的方法有四种。

2. 面板数据的协整检验

一阶差分不存在单位根是进行面板数据协整检验的前提，而面板数据协整检验的目的在于探讨指标数据之间是否存在长期的稳定关系。目前，国内外学者采用较多的面板数据协整检验方法是异质面板数据协整检验。

3. 面板数据的格兰杰因果关系检验

通过面板数据的单位根检验和协整检验，我们确定了政府竞争和市场竞争的平稳性和长期协整性。在此条件下，我们将运用 Eviews 软件对这两个变量之间的格兰杰因果关系进行检验。

二、区域差异化视角下政府竞争和市场竞争的相互关系分析

格兰杰因果关系检验只能表明，市场竞争是政府竞争的原因，但不能清晰地表明市场竞争影响政府竞争的具体路径。为此，本书利用 Stata 软件描绘了以市场竞争程度为横轴、政府竞争程度为纵轴的散点图。

随着市场竞争程度的不断提升，市场在区域间资源配置中的积极效应显现出来，政府对市场的干预程度和方式也在不断趋于谨慎，区域间政府竞争程度在不断下降。然而，随着市场竞争程度的深入，区域间市场化程度差距也逐步扩大，后发省份开始逐步加强政府对市场的干预，在政府作用下先发省份也开始实施"报复性"行为，区域间的政府竞争开始不断显现出来。政府竞争程度呈现出了 U 形走势，即初期随着市场竞争程度的提升，政府竞争不断下降；后期随着市场竞争程度的加深，政府竞争程度不断提升。

为了比较市场竞争影响政府竞争的区域差异，本书分别描绘了东部地区和中西部地区市场竞争与政府竞争的散点图。

在东部地区和中西部地区，政府竞争与市场竞争的关系呈现出了显著的差异。在东部地区，市场竞争引致的政府竞争变化并不显著，这一方面是因为东

部地区市场化程度较高、市场机制完善，另一方面是因为东部地区政府对市场的干预程度和干预方式相对比较成熟。在中西部地区，随着市场竞争的深化，政府竞争下降的趋势比较显著，这符合边际效应递减的规律，即区域经济发展中市场机制带来的边际经济效应更为显著，且作用更强。

这里从竞争手段视角创新了区域间政府竞争和市场竞争的测度方法，并通过格兰杰因果关系检验分析了政府竞争与市场竞争之间的相互关系及其区域差异性。可得出如下结论。

（1）我国区域政府竞争程度的不平衡性显著、区域差距较大，且呈现出了空间区域特征。2007—2014年我国区域政府竞争程度的空间格局演变使得本来较为显著的空间区域特征更加复杂化。在时间走势上，我国区域政府竞争程度总体上呈现出了波动性缓慢上升的趋势。

（2）我国区域市场竞争程度的空间格局呈现出了区域阶梯式分布、区域间差距较大、空间集聚的特点。沿海东部地区的市场竞争程度普遍较高，中部和西部地区的市场竞争程度次之。区域市场化程度是区域间市场竞争的重要影响因素。我国市场竞争程度呈现出了周期性波动的走势。

（3）政府的主动性较强而市场的自发性较强，市场竞争程度的变化会引起政府竞争程度的变化，而政府竞争程度的变化不能影响市场竞争程度的变化。随着市场竞争程度的不断加深，政府竞争程度呈现出了U形走势，且东部地区市场竞争引致的政府竞争变化并不显著，而中西部地区随着市场竞争的深化，政府竞争下降的趋势比较显著。

第六章 区域经济协调发展水平的测度及影响因素分析

改革开放以来,从"促进东西部地区经济合理布局和协调发展的'两个大局'思想"到党的十五届四中全会上"西部大开发战略"的提出,再到2004年国务院政府工作报告提出"要形成东中西互动、优势互补、相互促进、共同发展的新格局",直至2015年"强调协调发展,统筹兼顾,推进城乡、区域、经济社会、人与自然发展"的提出,我国一直在推动区域间经济协调发展上做出不断的卓有成效的努力。而作为资源配置两大主体,市场和政府对区域间经济协调发展的影响尤为重要。在此背景下,以区域异质性为前提,科学分析区域经济协调发展现状并从政府和市场视角分析区域经济协调发展的影响因素,具有重要的理论和现实意义。

第一节 区域间经济协调发展水平的测度

国内不少学者对区域经济协调发展水平的测度做出了许多有益的探索。韩兆洲从现代化的经济水平与经济结构、科技进步与人口素质、社会发展与居民物质生活、生态环境与自然资源等四个方面精选了16个指标,构建了反映全国区域经济协调发展水平的综合指标体系。庄亚明等构建了GAH-S评价体系,对区域经济协调发展的内涵、测度、效应进行了全面深入的分析,该评价体系的构建是从各子系统关联性视角出发的,测度的内在机理包括区域经济增长、区域间经济依附、区域间经济和谐三方面。安康利用统计学中全距、四分位距、平均差和标准差四种方法对区域经济协调进行了描述,同时将区域经济的相对差异描述为相对极差、不平衡差和差异系数三种,并用基尼系数对区域经济的差距进行测度。覃成林等将区域经济协调发展的判断标准分为三个主要方面,即区际经济联系、区域经济增长和区域经济差异,区际经济联系利用莫兰指数进行测度，并用区域经济增长率变异系数测度区域经济增长状态，用区域经济增长水平变异系数测度区域经济差异状态。另外，许多学者从侧面对区域间的经济关系进行了分析和探讨。前述学者采用了不同的研究方法对区域经济协调发展水平进行测度，其中仍然存在一些值得继续深入探讨的问题，包括以下两个方面。

其一，学者所测度的都是我国或者某个经济区域的整体协调程度，但是针对诸如省与省之间、一定区域对另一定区域之间的这种"点对点"的区域经济协调研究还是鲜见文端的。展开"点对点"的经济协调程度研究是在已有研究基础上的一个新的尝试和努力，是区域协调研究的深化和具体化，对各区域经济发展具有更为直接的、更有针对性的参考意义。

其二，区域经济协调发展就是区域之间在经济交往上日趋密切，区域间经济差距不断缩小，区域发展同步性不断增强的综合过程。区域之间经济的协调发展反映在区域之间经济联系不断加深、区域之间经济差距不断缩小、区域之间经济增长幅度不断"同步"三个方面。然而，在研究过程中学者更多的是关注经济发展的区域间联系和区域间差距两方面，结合经济增长差异的系统性相关研究还相对较少。因此，本书拟根据区域经济协调发展的内涵及数据的可获取性，运用经济联系程度、经济差距水平和经济增长差异三方面因素，测度我国各省（直辖市、自治区）之间的经济协调发展水平，并从时间和空间两个维度对其状况进行比较分析，从而具体揭示我国各省（直辖市、自治区）之间的经济关系及其外在约束条件，为其制定有效的区域合作和发展战略提供有价值的决策参考。

一、测度指标的设计及说明

下面将对区域间经济联系程度、区域间经济差距水平和区域间经济增长差异三方面指标的具体设计方法进行说明。

1. 区域间经济联系程度

对于区域间经济联系程度的测度，国内外学者早已有相关分析。国外有学者认为地区间经济联系程度与两地区的人口乘积成正比，与两地区间的距离的平方成反比。国内学者王德忠和庄仁兴则选取了区域的人口数、工业总产值、空间距离及接受程度系数等指标来定量分析两区域的经济联系程度。

2. 区域间经济差距水平

区域间经济差距水平指在一个统一的国家内部，一个区域与另一区域之间在经济发展水平上的规模差距。鉴于不同省（自治区、直辖市）在社会规模上的差异，本书采用人均国民生产总值指标对经济差距进行了测度。

3. 区域间经济增长差异

区域间经济增长差异指各地区在经济增长率方面的差距，我们以此指标反映各地区在经济协调增长水平层面上的不同。

基于上述测度指标，本书利用历年《中国统计年鉴》的相关数据测算出了我国2001—2015年除港澳台地区以外各省（自治区、直辖市）之间的经济联系程度、经济差距水平和经济增长差异，为后面区域间经济协调发展水平的测度提供了数据支持。

二、测度方法的选择及说明

由于前文中设计的三个指标对区域间经济协调发展水平的影响方向和幅度各有不同，在运用多指标对单一变量进行评价分析的过程中必须对每个指标的权重进行赋值。目前，权重赋值的方法主要分为客观赋值和主观赋值两类。主观赋值法主要是通过专家意见咨询和专家打分等主观形式对各指标的权重进行赋值的，采用较多的方法包括德尔菲法和层次分析法等。客观赋值法是根据样本数据所提供的信息运用数理方法对各指标进行客观赋值的，主要包括主成分分析法和熵值法等。主观赋值法对专家的主观判断依赖性较强，一旦专家在打分或数据咨询过程中出现主观意见不一致，容易造成评价结果的偏差。在诸多客观赋值方法中，主成分分析方法不便于横向和纵向比较分析，因子分析法不如主成分分析法精确，数据包络分析（DEA）和神经网络法不适用于本书的分析。而熵值法的计算结果具有较强的可信度和自适应功能，比较适用于本书对区域间经济协调发展水平的测度。

熵值法的基本原理是利用特指指标的信息熵值来判断该指标的权重。设数据矩阵由 N 个指标构成，每个指标下有 M 个样本数据值。在信息论的理论路径下，信息熵值描述的是某指标下各样本数据的离散程度，指标的样本数据离散程度越大，该指标的信息熵值就相对越大，其权重值相对越高，反之信息熵值越小，其权重值相对越低。

第二节　区域间经济协调发展水平的现状及演变分析

本节以评价结果为基础讨论区域间经济联系程度、经济差距水平、经济增长差异的现状及演变趋势。

一、区域间经济联系程度、经济差距水平、经济增长差异

表 6.1 显示出了 2014 年代表性省（自治区、直辖市）间的经济联系程度、经济差距水平、经济增长差异。代表省份选取如下：东部地区选取北京、广东和辽宁；中部地区选取山西、吉林和湖南；西部地区选取陕西、重庆和新疆。

表6.1　2014年代表性省（自治区、直辖市）之间的经济联系程度、经济差距水平、经济增长差异

地区1	地区2	联系程度	差距水平	增长差异	地区1	地区2	联系程度	差距水平	增长差异
广东	北京	4.293 1	4.026 9	4.590 4	陕西	吉林	4.266 3	4.606 9	4.389 6
湖南	北京	4.293 0	3.622 8	4.490 1	陕西	辽宁	4.283 3	4.344 9	4.341 8
湖南	广东	5.086 1	4.259 1	4.554 2	陕西	山西	4.412 9	4.456 6	3.992 3
吉林	北京	4.295 0	3.795 1	4.502 5	新疆	北京	4.258 5	3.629 4	4.489 0
吉林	广东	4.273 5	4.431 4	4.438 5	新疆	广东	4.263 1	4.265 7	4.553 1
吉林	湖南	4.269 0	4.490 9	4.338 3	新疆	湖南	4.260 3	4.656 6	4.653 3
辽宁	北京	4.393 3	4.057 1	4.454 7	新疆	吉林	4.256 9	4.497 5	4.337 2
辽宁	广东	4.297 8	4.633 0	4.390 7	新疆	辽宁	4.259 0	4.235 5	4.289 4
辽宁	湖南	4.289 5	4.228 9	4.290 5	新疆	山西	4.259 0	4.566 0	3.939 9
辽宁	吉林	4.898 5	4.401 2	4.606 6	新疆	陕西	4.260 8	4.553 8	4.602 0
山西	北京	4.456 9	3.532 2	4.105 3	重庆	北京	4.270 6	3.754 8	4.351 3
山西	广东	4.306 1	4.168 5	4.041 5	重庆	广东	4.388 2	4.391 1	4.415 4
山西	湖南	4.315 4	4.572 6	3.941 0	重庆	湖南	4.425 5	4.531 2	4.515 6
山西	吉林	4.273 4	4.400 3	4.257 1	重庆	吉林	4.260 3	4.623 0	4.199 5
山西	辽宁	4.306 6	4.138 3	4.305 0	重庆	辽宁	4.267 9	4.360 9	4.151 7
陕西	北京	4.303 4	3.738 8	4.541 4	重庆	山西	4.284 9	4.440 6	3.802 2
陕西	广东	4.347 5	4.375 1	4.605 5	重庆	陕西	4.385 3	4.647 2	4.464 3
陕西	湖南	4.388 1	4.547 2	4.603 1	重庆	新疆	4.258 8	4.537 7	4.516 7

注：指标进行了正向化处理。

（1）区域间的经济联系程度。省（自治区、直辖市）之间的经济联系程度总体上都较高，但不同省（自治区、直辖市）之间的联系差异较大，显示出显著的不平衡性，如北京与辽宁、山西联系非常强，而与重庆、新疆联系程度较弱；湖南与广东、重庆联系程度较大，而与吉林、新疆联系较弱。对数据进行比较分析可知，地理临近性对省（自治区、直辖市）之间经济联系程度的影响十分重要，这不仅仅是因为地理临近省（自治区、直辖市）之间的交通距离相对较短，而且是因为地理临近省（自治区、直辖市）之间的经济特征相对更为近似，经济发展的外在环境和内在互补性使得它们之间的联系程度相对较强，如辽宁和吉林之间不仅区域临近，而且东北老工业基地的共同经济特征使得它们的经济联系程度高达 4.898 5。同时，经济市场的包容性和市场机制的完善程度也是决定区域间经济联系程度高低的重要因素，如广东、上海与其他省（自治区、直辖市）之间的经济联系程度普遍较高。另外，省（自治区、直辖市）的交通发展状况也对经济联系程度产生了重要影响，如新疆与其他省之间的经济联系程度都比较低，甚至于其与地理邻近省份之间的联系程度都不高，这与新疆不发达的交通状况是存在极大关系的。

（2）区域间的经济差距水平。区域间经济差距呈现出了明显的经济区域特性。其一，三大区域内部省（自治区、直辖市）之间的经济差距相对较小，不同经济区域的省（自治区、直辖市）之间经济差距相对较大，如重庆与同是西部地区的陕西和新疆的经济差距值分别是 4.647 2 和 4.537 7，而与非西部地区的代表性省（自治区、直辖市）的经济差距平均值仅为 4.350 3（经济差距值越大，经济差距越小）。相同区域在经济政策、市场特征和结构等方面存在近似性，故它们之间的差距相对较小，而不同区域享受的经济政策是不一样的，本身它们之间的经济特征和区位临近性都不同，所以它们之间的经济差距相对较大。其二，东部地区和中西部地区的经济差距大于中部地区去和西部地区之间的经济差距。在各代表性省（自治区、直辖市）之间，东部地区和中西部地区的经济差距均值为 4.093 0，而中部地区和西部地区之间的经济差距均值为 4.547 3。改革开放以来，我国实行非均衡的经济发展策略，东部地区经济发展速度和市场机制的完善程度都远远高于中西部地区，故东部省（自治区、直辖市）的经济发展水平也显著高于其他省（自治区、直辖市）。而中部省（自治区、直辖市）虽然享受中部崛起的经济政策支持，但其区位优势相对于西部省（自治区、直辖市）而言并不是十分显著，因此它们之间的经济差距并不是十分明显。

（3）区域间经济增长差异状况。区域间经济增长差异呈现出了较为显著的区域特征。其一，东部经济区域和西部经济区域内部省（自治区、直辖市）

之间的经济增长同步性相对较强,经济增长差异较小。东部经济区域和西部经济区域内部省(自治区、直辖市)之间的经济增长差异均值分别为 4.478 6 和 4.527 7,而跨经济区域的省(自治区、直辖市)间经济增长差异均值为 4.352 0(经济增长差异值越大,区域经济增长差异越小)。同时,分析数据发现中部经济区域内部省(自治区、直辖市)之间的经济增长差异均值仅为 4.178 8,这是由中部大开发战略和中部承接转移产业进程中经济发展不均衡所导致的。其二,东部省(自治区、直辖市)与中西部省(自治区、直辖市)之间的经济增长差异均值为 4.392 9,而中部省(自治区、直辖市)与西部省(自治区、直辖市)之间的经济增长差异均值为 4.270 3,显然经济发达程度对经济增长同步程度具有正向的影响。

我国区域间经济关系的走势可描述为"经济联系不断加强、经济差距逐步扩大、经济增长差异波动性缩小"。①我国省(自治区、直辖市)间经济联系程度呈现出了稳步提升的趋势,区域间经济联系均值由 2000 年的 4.276 6 上升到 2014 年的 4.426 4,而且区域间经济联系均值的增速也在不断提升,由 2001 年的 0.06% 上升到 2014 年的 0.30%,最高增速为 2011 年的 0.50%。②我国省(自治区、直辖市)间经济差距呈现出了逐步扩大的趋势。2000—2004 年,区域间经济差距均值比较稳定,省(自治区、直辖市)间经济差距扩大趋势并不显著;2005—2008 年,区域间经济差距均值缓慢下降,省(自治区、直辖市)间经济差距在低速扩大;2009—2014 年,区域间经济差距均值下降幅度提升,省(自治区、直辖市)间经济差距显现出相对较为快速的扩大势头。③我国省(自治区、直辖市)间经济增长差异呈现出了波动性缩小的趋势。2000—2009 年,我国省份间经济增长差异走势的波动性较强,2009 年之后区域间经济增长差异开始显现出稳步缩小的态势。

改革开放以来,国内市场开放度进一步扩大,生产要素在区域间的流动性不断加强,省(自治区、直辖市)间的经济联系也在不断加强。但在非均衡发展战略和生产要素禀赋的作用下,我国省(自治区、直辖市)间的经济差距也在不断扩大,区域经济增长差异的基数依然较高。因此,如何推动区域间经济的协调发展,依然是我们所面临的一个重要问题。

二、空间维度下我国区域间经济协调发展水平的现状考查

(1)我国省(自治区、直辖市)间经济协调发展的总体水平较高。经测算,2014 年我国省(自治区、直辖市)之间经济协调发展水平的平均值为

13.098，而大于并等于平均水平的数据值个数为 224 个，占到了总测算值个数的 48.17%。2014 年经济协调发展水平排名前 10 的省（自治区、直辖市）间数据点分别是江苏与安徽（23.02）、浙江与江苏（16.85）、浙江与上海（16.30）、天津与北京（15.99）、山东与河北（15.75）、山西与河北（15.50）、山东与河南（15.16）、湖南与湖北（14.85）、上海与江苏（14.76）、山东与江苏（14.67）；排名最后的 10 个省（自治区、直辖市）间数据点分别是天津与黑龙江（12.06）、内蒙古与贵州（12.05）、西藏与上海（12.00）、上海与山西（11.95）、西藏与天津（11.93）、西藏与北京（11.93）、上海与贵州（11.83）、天津与山西（11.83）、贵州与北京（11.76）、天津与贵州（11.76）。

（2）我国省份之间经济协调发展水平不平衡显著。我国省份之间经济协调发展水平的区域不平衡性相对较强，同一省（自治区、直辖市）与在经济和区域特征上存在差异的不同省（自治区、直辖市）之间的经济协调发展水平存在巨大差距。就东部地区江苏而言，其与安徽之间的经济协调发展水平为 23.02，而其与云南之间的经济协调发展水平却仅为 12.61；就中部地区湖南而言，其与湖北之间的经济协调发展水平为 14.85，而其与北京之间的经济协调发展水平却仅为 12.41；就西部地区陕西而言，其与河南之间的经济协调发展水平为 13.89，而其与山西之间的经济协调发展水平却仅为 12.86。

（3）地理临近性、交通基础设施状况和区位经济比较优势对省（自治区、直辖市）之间经济协调发展水平具有重要的影响。首先，地理区位临近性越高，其交通距离相对较短、市场互动较强，省（自治区、直辖市）之间的经济协调发展水平也会相对越高。以安徽为例，与其经济协调发展水平较高的前六名都是与其存在地理临近性的省份，分别是江苏（23.02）、湖北（14.23）、河南（14.16）、江西（13.99）、浙江（13.94）、山东（13.71）。其次，交通基础设施状况的优化有利于推动省（自治区、直辖市）之间经济协调发展水平程度的提升。以经济协调发展水平相对较高的广东为例，与广东经济协调发展水平较高的前五个省（自治区）分别是湖南（13.90）、福建（13.84）、广西（13.68）、山东（13.66）、江苏（13.57），其中除了考虑广西和福建的地理区位临近特征外，另外四个省份的交通基础设施状况都相对较好，湖南、山东、江苏的 2014 年货运量分别是 203 053 万吨、264 459 万吨、196 153 万吨，其 2014 年客运量分别是 161 837 万人、74 378 万人、155 207 万人。最后，区位经济比较优势相似性较强的两个省之间的经济协调发展水平也会相对较高。以北京为例，同属于京津冀城市群的省（自治区、直辖市）与北京的经济协调发展水平都相对较高，如 2014 年北京与天津的经济协调发展水平为 15.99，北京与河北的经济协调发展水平为13.45。当然，区位经济比较优势相似性较高的省（自治区、直辖市）之间往往也存在地理临近性或者经济发展的同步性。

就区域内部而言，东部经济区域内部省（自治区、直辖市）之间的经济协调发展水平高于西部地区的，而西部地区又高于中部地区的，中部地区内部与西部地区内部的经济协调发展水平相对比较接近。东部省（自治区、直辖市）与中部省（自治区、直辖市）之间的经济协调发展水平高于中部省（自治区、直辖市）与西部省（自治区、直辖市）之间的经济协调发展水平，而中部省（自治区、直辖市）与西部省（自治区、直辖市）之间的经济协调发展水平又高于东部省（自治区、直辖市）与西部省（自治区、直辖市）之间的经济协调发展水平。由此可知：第一，经济越发达的区域，其内部省（自治区、直辖市）之间的经济协调发展水平相对越高；第二，区域之间的经济协调发展水平呈现出了区域阶段性，中、东部地区的协调性高于中、西部地区的协调性，而中、西部地区的协调性高于东、西部地区的协调性；第三，区域经济阶段性跨度越大，其经济协调性也相对越弱。我国区域经济发展的非均衡性相对较高，推动东部和西部地区之间的经济协调发展的难度相对较大。

就横向比较而言，我国各省（自治区、直辖市）对外经济协调度的空间布局呈现出了较为显著的区域特征，但该区域特征与我国东、中、西部的区域经济特征并不是一致的。对外经济协调水平较高的省（自治区、直辖市）主要是中部经济区域，处于第一层次的省（自治区、直辖市）基本上是中部省（自治区、直辖市）（除江苏、山东属于东部经济区域，四川属于西部经济区域外）。在区域发展战略中，中部经济区域扮演"承上启下"的经济角色，这使得中部区域省（自治区、直辖市）与其他省（自治区、直辖市）的经济协调发展程度总体水平相对较高。

我国省（自治区、直辖市）之间经济协调发展水平总体上呈现出了波动性缓慢上升的趋势。具体而言，2009年以前我国省（自治区、直辖市）之间经济协调发展水平处于波动状态，于2002年进入最高值，达到了13.117 8；2002—2005年我国省（自治区、直辖市）间经济协调发展水平逐步下降，至2005年其水平值为12.900 3；2005—2006年阶段受2004年国务院政府工作报告关于区域经济协调发展相关内容的影响，我国省（自治区、直辖市）之间经济协调发展水平得到了显著提升，2006年该水平值达到了13.090 7；受2008年国际金融危机的影响，我国省（自治区、直辖市）之间经济协调发展水平出现了急剧下降，2008年水平值为13.006 2；受政策因素影响2009年我国省（自治区、直辖市）之间经济协调发展水平不断回升；2010—2014年在政府政策的支持下，我国省（自治区、直辖市）之间经济协调发展水平呈现出了快速回升的趋势。

2015年10月29日我国十八届五中全会提出，要采取有力措施促进区域协调发展、城乡协调发展，加快欠发达地区发展，积极推进城乡发展一体化和城乡基本公共服务均等化。在此政策支撑下，我国区域间经济协调发展水平呈现出更为有力的增长势头。

第三节 政府和市场视角下区域间经济协调发展的影响因素分析

对于政府和市场两方面的影响因素，国内学者对其并没有进行明确区分，大多是复合型的分析，其中研究较充分的是欧阳峣、生延超和韩兆洲等，前两位通过体现区域异质性的理论模型构建发现，发展中大国区域经济的协调发展水平取决于两个区域的技术多元化程度、人力资本差距以及后发地区的人力资本和所引进技术的先进水平；后者通过经验实证发现，人力资本、人口资本、市场化进程和财政支出等因素对区域经济协调发展具有持续显著正影响。同时，国内学者还从其他视角对这一问题进行了探讨，如皮建才基于囚徒困境的视角考查了中国式分权下区域经济协调发展的内在机制，并认为适应问题、协调问题和政治晋升问题会使得地区之间的博弈变成囚徒困境博弈，区域间完全没有协调的策略会成为占优策略；傅允生通过定性分析发现，国内劳动密集型制造业与劳动力向中西部地区转移与回流可以通过产业转移与劳动力回流形成国内地区经济发展的协同效应，促进区域经济协调发展。

一、变量选取和实证模型构建

本书实证中的数据是点对点的样本点，即任何一个样本点都是由两个省（自治区、直辖市）构成的。为在实证中显示出区域的异质性，考虑普通线性回归（如不存在个体效应的混合模型、存在个体效应的固定效应模型、存在个体效应的随机效应模型等）主要侧重于研究变量之间的平均影响作用，在一定程度上这可能会忽视一个现象，即随着区域经济协调发展水平的变化，政府和市场层面的各项因素的影响作用会呈现出不一样的状态。所以，在本节中，我们使用面板数据模型分位数回归来分析随着区域经济协调发展水平的提升，政府和市场层面的各项因素对区域经济协调发展水平的异质性影响作用。

分位数回归方法用来分析市场因素和政府因素会对区域经济协调发展产生

怎样的影响。分位数回归方法的设计思路是基于被解释变量的条件分布来拟合被解释变量的线性函数,是在均值回归上的拓展。由分位数回归方法得到的估计系数用来表示解释变量对被解释变量在特定分位点的边际效应。

二、市场和政府视角下区域经济协调发展的影响因素分析

就实证结果而言,在三类不同的样本区域之下各分位点的估计结果都是基本一致的,这显示出了回归结果的稳健性。鉴于区域经济协调发展的布局特征,本节选取了25%和50%的分位点进行实证分析。

市场化程度对省(自治区、直辖市)间经济协调发展具有显著的正向影响。在六个估计结果中,指标的系数分别是0.0816、0.0737、0.0971、0.0984、0.0475、0.0316,均在1%水平,而若两省(自治区、直辖市)分属不同经济区域,其影响系数相对较大。市场化程度的提升,使得市场在资源配置中的作用得到更好的发挥,同时市场制度优化提高了本地区对外来市场主体和要素的包容度,强化了地区间的经济联系,有利于推动省(自治区、直辖市)间经济的协调发展。而在区域异质性较强的省(自治区、直辖市)之间,市场化对省(自治区、直辖市)间经济协调发展的正向促进作用更为显著,这是市场化外部性的重要体现。

城市化对省(自治区、直辖市)间经济协调发展的影响呈现出倒"U"形路径。指标的二次项系数分别是-0.0472、-0.0206、-0.2018、-0.1441、0.0158、0.0015,且前四个系数均在5%水平;指标的一次项系数分别是-0.1841、-0.1260、-0.4299、-0.3276、-0.0569、-0.0593,均在5%水平。初期,城市化进程的快速推进提升了城乡之间的要素流动(特别是劳动力),这也推动了区域间的要素流动和配置,有利于区域经济协调发展。后期,要素向城镇和先发省份的过度集聚使得区域间的经济差距不断扩大,这不利于区域间的经济协调发展。就区域特征而言,在两省份分属东部和中西部样本点区域时城市化二次项系数较小,而在两省份属于同一区域时城市化二次项系数较大,这表明区域异质性较强的省份之间城市化进程带动的要素流动效应相对更强,城市化对经济协调发展的促进作用也更为显著。

先发省份生产要素数量对省份间经济协调发展的影响显著为正,而后发省份生产要素数量对省份间经济协调发展的影响显著为负。这与我国中西部区域劳动力外流的经济现象有关,高素质劳动力不断向先发省份集聚,而后发省份

在劳动力数量上并不具备比较优势，因此后发省份生产要素数量对省份间经济协调发展的影响相对较弱。

区位经济比较优势对省份间经济协调发展的影响为正，而区域异质性较强省份之间的正向影响并不显著。在全样本下，虚拟变量指标的系数分别是 0.018 1 和 0.017 6，均在 1% 水平；两省份属于同一区域时，虚拟变量指标的系数分别是 0.015 7 和 0.015 4，且均在 1% 水平。具备相同经济比较优势的省份，其经济发展战略、经济（产业）结构以及市场需求结构具有相似性，他们之间的经济平衡性相对较强，进行经济合作交流和市场互补的可能性较大，故其省份间经济协调发展水平相对较高。另外，具备相同经济比较优势的省份往往具有地理上的临近性，如东北三省等，这更加有利于省份之间经济协调发展水平的提升。对区域异质性较强样本点进行估计，其结果表明，我国经济差异较大省份之间的经济互补性还相对较弱，提升这一互补性是推动我国经济发展的重要着力点。

先发省份的财政支出对省份间经济协调发展的影响显著为正，而后发省份财政支出对省份间经济协调发展的影响显著为负。这表明先发省份对市场的干预可以促进省份间的经济协调发展，而后发省份对市场的干预起到了阻碍作用。在交易成本和技术水平的差异化影响下，后发省份更倾向于实施地方保护主义的行政干预手段，以获取本地区的政府竞争优势。而先发省份市场机制相对比较完善，在中央政府的约束下，这些省份更加倾向于实施具有正外部性的市场干预手段。区域异质性较强的省份之间，政府对市场的干预效应更加显著。

地方保护主义行为对省份间经济协调发展的影响显著为负。在六个估计结果中，指标的系数分别是 -0.013 1、-0.012 4、-0.011 0、-0.011 2、-0.008 5、-0.007 3，且均在 1% 水平上。地方保护主义行为的实施，阻碍了市场要素的自由流动，使得制度安排具有歧视性，不利于增进地区间的经济联系，加深了地区间的经济差距，不利于省份间经济协调发展水平的提升。优惠政策竞争对省份间经济协调发展的影响是负向的，且在区域异质性较强的省份之间，优惠政策竞争的影响显著性并不强。优惠政策竞争存在一定的地方保护主义政策导向，其实施不利于推动省份间经济的协调发展，而异质性较弱的省份之间优惠政策竞争的经济效应更强。

第七章 完善并优化政府和市场竞争机制以促进区域经济协调发展

第一节 区域经济协调发展测度及政府策略的基础理论

一、区域经济协调发展测度及政府策略的基本认识

（一）相关概念界定

1. 区域经济协调发展

协调指合作得当的状态。笔者认为区域经济协调发展就是区域间的经济交往日趋密切、生产要素有序流动、收入分配科学合理、相互联系良性互动、发展差距逐步缩小。这种发展包含一定时期内各区域产品与服务数量的增加，以及各区域的经济结构、社会结构、分配结构的优化，且不以牺牲后代人发展为代价，主要维度包括区域经济稳定增长、区域经济结构优化、区域公共服务水平和区域经济发展潜力四个方面。

2. 政府策略

策略指可以实现目标的方案集合。政府策略则是在该释义的基础上，以政府为行为主体，可以实现政府行政目标的方案集合。本书中的政府策略非政策的简称。战略、策略和政策三者之间是层次由高到低的关系，其所指也越发具体。对全国而言，区域经济协调发展是全国的发展战略；对四大区域而言，政府策略是经济协调发展战略的分解，是深化协调发展战略的举措；对各省市县而言，政府政策是区域经济协调发展政府策略的分解，是区域内各级政府发展的具体内容。

（二）区域经济协调发展测度标准

1. 区域经济增长方面

经济增长的测度是对一个区域经济发展"量"的评价，同时要消除人口异质性的影响。因此，区域经济增长的评价标准应该选人均经济评价指标。然而评价区域的经济增长不能一概而论，统一以人均GDP来评价，应当按照宏观经济学选择相关的指标进行评价。

2. 区域经济结构方面

经济结构的测度则侧重于对一个区域经济发展"质"的评价。好的经济结构背后是三大产业的良性发展、公共基础设施的完备和居民达到较高的家庭经济水平。因此，一个区域的经济结构测度标准，建立在产业发展、基础社会和居民收入水平的相关指标之上。

3. 区域公共服务方面

一个区域的公共服务发展包括其公共事业发展水平、社会保障水平和社会就业水平。公共事业包括一个区域的科学、教育、文化、卫生和就业等。故一个区域的公共服务评价标准应由区域的科学、教育、文化、卫生、社保和就业等相关指标构成。

4. 区域发展潜力方面

区域发展潜力指区域的可持续发展水平，只有拥有良好自然环境和充足资源储备的区域才具有较高的发展潜力。因此需要从环境保护和主要资源储备两方面评价一个区域的发展潜力。

（三）区域经济协调发展与政府策略的关系

（1）我国的区域经济发展差异的扩大是政府不平衡发展的结果。改革开放初期我国的发展政策为不平衡发展政策，一系列政府策略都是围绕着不平衡发展政策展开的。邓小平提出"一部分人先富起来""先富带动后富"的发展思想，以及确立现代化建设"一步走""两个大局"，创立了有中国特色的区域经济发展道路。东部地区利用政策优势与区位条件实现了经济的快速发展，逐渐与其他区域拉开发展距离。改革开放以来我国确立的经济发展布局为先富带动后富，造成了东部地区的经济发展优越。

（2）政府策略是实现区域经济协调发展的必要工具。在东部地区经济取得巨大成就时，我国区域间的经济差异也逐步扩大，需要解决区域经济发展的不协调。区域经济协调发展的战略任务需由政府主导，因其具有市场难以匹敌的优势，可以有效避免市场失灵。政府策略是实现区域经济协调发展战略的必要工具，是深化区域经济协调发展战略的重要手段。

二、区域经济协调发展测度及政府策略的理论基础

（一）区域协同理论

协同理论亦称"协同学"或"协和学"，是20世纪70年代以来在多学科研究基础上逐渐形成和发展起来的一门新兴学科，是系统科学的重要分支理论之一。其创立者是著名物理学家哈肯。1971年他提出协同的概念，1976年系统地论述了协同理论，发表了《协同学导论》，他还著有《高等协同学》。协同论认为千差万别的系统，尽管其属性不同，但在整个环境中，各个系统间存在着相互影响而又相互合作的关系。

实现区域经济协调发展是我国重要的战略任务，本书以协同理论为基础，认为区域的协调发展可以为我国取得更好的经济成果。区域间相互影响相互合作的关系，使得区域的协调发展具备可能性，可整体提高我国的经济实力。协调发展即协同，意为相互适宜的状态。进入新时代，不平衡、不充分为我国的基本矛盾，而区域发展的问题则在于区域间的不平衡、不充分的发展现状。因此，国家制定区域经济协调发展战略，努力解决区域发展的不平衡、不充分，促进四大区域发挥优势蓬勃发展。区域协同理论可以有效地指导我国区域经济发展，为我国区域发展标准的制定提供理论依据。四大区域根据资源环境承载能力、发展基础和潜力，按照发挥比较优势、加强薄弱环节并享受均等化基本公共服务的要求，逐步形成主体功能定位清晰，东中西良性互动，公共服务和人民生活水平差距趋向缩小的区域协调发展格局。

（二）政府职能基本理论

政府职能基本理论是政府进行科学的职能设置的前提，也是政府正确履行职能的关键。政府职能基本理论分成西方政府职能基本理论和马克思主义政府职能基本理论。西方政府职能基本理论的一类代表人物为斯密、洛克，其提出有限政府理论，而另一类代表如凯恩斯则提出了政府干预理论。大体上来说，西方政府职能基本理论是从自然法和社会契约论的角度来阐述、分析和归置政府的基本职能的，其最早源自亚当·斯密的《国富论》所提出的守夜人政府，认为管得少的政府就是管得好的政府。而马克思主义政府职能基本理论源自《资

本论》，其基本理论是从社会分工、生产力和生产关系、经济基础和上层建筑的角度来阐述、分析和归置政府的基本职能的。

进入新时代，不平衡、不充分为我国的基本矛盾，促进区域的协调发展，缩小先后发地区之间的经济差距，为落后地区提供好的公共服务与基础设施建设，保护环境等皆为区域协调发展的题中之意。区域协调发展是中共十六届三中全会提出的"五个统筹"之一。进入新时代，促进实现区域经济协调发展是我国政府最重要的任务之一。政府职能理论是本书立论的基础，政府有促进经济协调发展的职能，应该测度区域协调发展状况并针对区域间发展差距的成因提出对策。

（三）激励性规制理论

西方激励性规制理论产生于20世纪70年代末80年代初，代表人物为乔思科、施马兰西等。在信息不对称前提下，必然会产生规制者与被规制者之间的委托—代理问题（即所谓逆向选择与道德风险问题），激励性规制理论主要围绕如何最大限度地避免委托—代理问题展开。

促进区域协调发展的政府策略是对激励性规制理论的应用。20世纪的资本主义经济危机证明了市场有失灵的风险，守夜人政府已经难以满足经济发展的需要。政府应该通过积极有效的行政手段克服市场失灵，促进经济发展。而政府的政策是政府实现其经济职能的有效手段，通过激励性规制，可以很好地解决市场失灵问题，促进经济良性发展。区域的发展不协调本质上是中西部地区和东北地区的发展落后，因经济具有"富集效应"易出现"富者益富，贫者益贫"的现象，很难通过市场来调整此趋势。因此，为解决区域发展的不协调，政府需要采取一系列相关策略，有效地调整市场难以调节的部分，以大量优势的资源和政策投入，帮助落后区域发展，促进社会经济协调发展。

三、本节小结

区域经济协调发展的定义为区域间的经济交往日趋密切、生产要素有序流动、收入分配科学合理、相互联系良性互动、发展差距逐步缩小，以达到各区域经济可持续发展的目标。政府策略指可以实现目标的方案集合，其介于战略与政策之间，是区域深化协调发展战略的举措。区域经济协调发展测度的主要维度包括区域经济稳定增长、区域经济结构优化、区域公共服务水平和区域经济发展潜力四个方面。

第二节 先发区域经济发展的政府策略建议

为达到区域协调发展的战略目的，先发区域和后发区域有着各自的发展政策与战略目标。作为先发区域，我国的东部地区需要在当前的经济增速下，提升经济质量，完成供给侧结构性改革的任务，进而优化其经济结构与发展方式以提升供给质量，满足社会的有效需求。同时，东部也是后发地区的发展榜样，需要改革先行一步，发挥典范效应。

一、建立多方参与的区域公共治理机制

东部地区拥有充足的资源与人才优势，可以引领建立多方参与的区域公共治理机制，促进区域协调发展。区域公共治理机制不同于中央的区域协调发展机制，该机制利用区域间的联系与交往，以发展意愿为纽带，将渴望发展的区域聚集于内。当下需要先发地区和后发地区建立更深远、广泛的经济联系，然而，该联系无法通过政府强制力建立，其需要建立在共同的经济目的和经济利益之上。公共治理的基本思想包括伙伴关系和网格治理，建立多方参与的公共治理机制可以很好地实现区域治理的目标。

建立多方参与的区域公共治理机制，需要发挥东部地区的经济号召力和资源人才优势。在建立的早期，可以举办发展论坛和会议、商品展销博览会，以企业家交流等形式，通过民间与官方的商务往来与关心逐步加强经济联系。可以借鉴欧盟的发展经验，从部分着手，逐步实现资源、人才的共享，政策的彼此互惠。最终实现资源、要素的最佳配置和产业的整体布局。加强经济联系，意味着我国产业的重新布局，东部将其上游、初级的产业布局于落后地区，打破区域内的完整产业链条而形成区域间的完整产业链条，实现区域间更加紧密的经济联系。

这样的产业布局并不意味着中西部地区和东北地区一直布局初级产业。产业布局是一个动态的过程，在具备产业升级的条件下，中西部地区和东北地区可以将落后的产业向生产力水平更低的国家或地区转移，而承接东部地区中端、高端的产业，实现产业结构升级。

二、制定经济结构转型的新型产业政策

形成新的发展模式是党的十九大赋予东部地区的发展目标，也是其首要发展任务。东部地区的经济发展虽然创造了巨大的经济体量，但其本质为粗放型

经济，需要进行供给侧结构性改革，提升经济发展的质量和满足社会的有效需求。我国提出的供给侧结构性改革的目标，不同于过往的经济政策，着力于供给上提升经济发展的质效。供给侧结构性改革可持续促进中西部地区经济结构的调整与优化，包括经济、消费、产业、企业和分配等结构优化，并将稳增长、去产能、补短板、惠民生作为工作重中之重。有效供给是与消费需求和消费能力相适应的供给，只有通过科技进步、提高要素配置效率、提高经营管理水平等途径才能实现。当前，我国经济发展面临的过剩和短缺并存、大量需求外溢等突出问题，是供给与变化了的需求不相适应、有效供给不足的表现。对于协调发展而言，扩大有效供给的意义在于东部地区改革的完成可以整体上提高我国的科技实力、人才治理，提高社会生产率。先发地区作为"先富"带动"后富"的"先富"，其带动"后富"的手段不应该只是横向转移支付，作为先发地区应该满足整个国家的科技和高端人才供给。东部地区率先进行供给侧结构性改革的意义还在于其通过改革可以形成经济发展的模板，发挥典范效应，为落后区域的发展提供发展经验与范例。我国目前巨大的区域间经济差异，决定了我国四大区域的发展任务不同，先发地区的经济改革与落后地区的经济改革同步进行，可以全方位地实现我国整体经济的发展。故而供给侧改革对于促进区域协调发展有着积极且不可或缺的作用。

东部地区在实现"先富"之后，经济调整和供给侧改革是其面临的重要任务。扩大有效供给，关键是抓好一批战略性新兴产业、现代服务业、现代高效农业和一批重点示范企业，促进产业迈向中高端水平。积极实施创新驱动发展战略，在新一代信息通信、新能源、新材料、航空航天、生物医药、智能制造等领域聚焦目标、突出重点，成立一批重大科技专项，部署启动一批新的重大科技项目以重大科技成果带动形成一批新的产业和企业，塑造更多依靠创新驱动、发挥先发优势的引领型企业形象。

第三节 后发区域经济发展的政府策略建议

后发区域的任务是以更快的经济增速，缩小与东部地区的经济差距。缩小经济差距需要做好两个方面的工作。一是"补短"。从本书的测度结果来看后发地区在经济增长、经济结构和公共服务方面落后于先发地区，三大区域有着各自的问题，需要制定相关的政策解决这些问题。二是"加速"。后发地区缩小与先发地区的经济差距需要更快的经济发展增速，需要以一种"超常态"即超过新常态经济普遍增速的速度追赶与东部地区的经济差距，这需要政府更强的扶植力度、更加优惠的政策供给和更多的转移支付。当然，区域间的经济差距难以熨平，人们要正视由经济禀赋和区位条件造成的差距。

一、培育经济增长新动力

根据经济增长的差异分析可知，我国的后发地区需要培养新的经济增长动力。我国的中西部地区需要在新的经济增长动力的支持下，获得更快的经济增速以缩短与东部地区的经济差距；东北地区则需要依靠新的经济动力扭转由政府投资锐减导致的断崖式经济衰退。培育经济增长新动力的关键是市场的充分发育，使市场发挥在资源配置中的决定性作用。人们需要破除计划经济遗留下的体制机制障碍，建立健全现代产权制度、推进国企市场化改革，最大限度地为市场发展扫清障碍。

我国后发地区的经济增速，应该超过经济新常态的增速要求，以"超常态"的增速来缩短与东部地区的经济差异，走一条充分利用区位优势、以市场机制为基础、以质量代替规模的经济发展道路。所谓"超常态"增速指后发区域的经济增速要超过经济新常态下的7%，努力达到10%及以上。我国经济发展总体增速下降，先发区域的主要任务是放缓增速、进行经济改革与结构调整，这是后发地区追赶先发地区的重要时机。因而后发区域应抓住改革契机，组建后发地区经济发展联盟，加强区域间的开放、互动与协调，并完善各省级区域经济体制，焕发后发地区经济发展新的活力，以保持其良好的经济增长势头。同时后发区域应进一步优化投资结构，以导向型政策配合直接投资，以市场代替行政命令，逐渐放宽政府行政审批范围，发挥市场机制效应；适时对国家某些垄断行业尝试引入民间资本，以激发该行业活力；积极建立政府与社会资本合作的新模式，鼓励大众创业创新，促进中小企业快速发展，以寻找新的经济增长点。

二、提供更加积极的财政支持

扶植后发地区的经济增长，目标是赶超东部地区的经济总量。在追赶的主题下，需要为后发地区提供比先发地区更加有力的财税激励政策支持，使后发地区成为国家财税激励的重点区域。在当前积极的财政政策之下，后发区域应该配置更加积极的财政政策，以体现后发区域的激励优先级。同时政府应给予其更加优惠的税收政策与资金投入，以提升中西部地区的创业条件，改善其发展空间，建立发展优势。

为促进中部地区经济的快速发展，国家应给予其财税激励政策支持，包括直接的财政投资、财政补贴和财政贴息，以及规范的税收优惠政策等，以激发后发区域经济发展的活力和财力。此外，还应加大中央财政转移支付力度，从东部地区的发展成果中抽出一部分使"先富"的东部地区带动需要"后富"的中西部地区，建立和完善东部地区的横向财政转移支付机制，弥补中西部地区的区位不足，并增强其基础设施建设、提升公共服务水平。

三、重点提升公共服务水平

从测度结果来看，中西部地区和东北地区的公共服务普遍落后于东部地区。具体而言，科技、教育、社会保险和就业等公共服务方面的发展最为落后。对于后发区域，政府需要将其作为公共服务发展的重点，以更大的政策倾斜与资金支持加快后发区域的公共服务发展和城乡基础设施建设，加强公共服务方面的资源配置，创设好的科研教育环境，同时加大对社会保险的投入，促进其产业转型与城镇化的发展。

同时，发展公共服务需要破除阻碍公共事业发展的体制机制障碍。政府需要倡导好的公共服务意识，培养政府工作人员的人民公仆意识，鼓励公民的服务责任感与社会主人意识。政府需要增加落后地区的公共事业投资，谋求与社会资本合作，对民营资本开放公共服务领域，以实现公共服务发展的均等化和精准化。

四、建立高效环保的自然资源开发机制

后发区域在资源上具有强大优势，开发的力度不足，使其优势难以充分发挥。自然资源优势为后发区域带来更大的发展优势。充分利用自然资源优势的前提是资源优势与经济成果之间具有高度的转化能力。这需要具有高附加值的经济发展方式匹配该资源优势。政府应该加强科技投入，促进后发区域的产业高科技化，人员高素质化，加强科技工作的政策补贴，从而实现更多的科技创新。

充分利用资源优势代表着要善于利用资源避免浪费与环境污染。故政府应该加强环保意识，确保环境保护与资源利用同步进行；加强资源的充分利用；促进资源的循环利用。同时，政府应制定符合当地实际的环保政策，保护自然环境，将环保指标纳入考核内容。优化自然资源的产权和使用权制度，明晰自然资源的管理和开发责任。创新自然资源产业的发展机制，为其提供合理的制

度保障，制定适合的发展规划。制定激励区域产业发展的产业政策，改变行政命令配置资源的资源使用方式。

第四节　合理规范区域政府竞争机制推动区域经济协调发展

相关研究显示，区域间适度的政府竞争有利于区域经济的协调发展，而过度的政府竞争对区域经济协调发展的影响是负向的。同时研究还发现，在市场机制相对并不完善的后发省份，政府竞争对区域经济协调发展的影响更为显著。因此，合理规范区域政府竞争机制，将区域间的政府竞争行为把控在适度的范围内，可以有效助推区域经济的协调发展。那么，如何才能合理规范区域间的政府竞争机制呢？下面提出以下政策建议。

一、改革创新地方政府政绩考核机制，扩大政府竞争的积极效应

政府政绩考核机制，作为一种制度安排，对地方政府的行为选择具有重要的影响。在改革开放初期，行政性分权和经济增长导向下的政绩考核机制优化了地方政府竞争对区域经济增长的影响；改革开放后期，已有的政绩考核机制加剧了区域间的经济差距，强化了地方政府的地方保护主义行为，加强了区域间的壁垒，不利于区域间经济的协调发展。程臻认为合理的政绩考核机制使得政府竞争存在其积极的经济效应，但政绩考核的负向效应也会促使地方政府采取负外部性的政府竞争行为。萧鸣政和宫经理认为行政性分权机制下的政绩考核机制推动了我国区域间地方政府竞争的深化，然而中央政府在政绩考核、地方政府在制度供给等层面上的不完善性使得地方政府竞争的劣势逐步显现出来，进一步也使得政府竞争对区域间经济关系的负向影响加深。傅勇和张晏认为行政性分权路径下的政绩考核机制引致了区域财政支出结构偏离、区域经济产业结构趋同、公共服务支出不足等负向影响，这使得中央政府政策约束下的区域经济发展战略不能很好地发挥出其财政经济效应，加剧了区域间经济的不平衡。张涌认为区域间的政府竞争可以优化区域经济发展环境，进而为区域间的经济合作创造条件，但也强化了政府在经济运行中的作用，造成了优惠政策滥用、重复建设、地方保护主义等负面影响，而其中起主导作用的是政绩考核机制。

地方政府的政绩考核机制主要表现在主政官员的考核和任免制度设计上。当前我国政绩考核机制的主要内容是区域经济的增长和优化，由于区域经济优化很难通过具体的指标展现出来，因此，区域经济的增长成为中央政府实施政府绩效考核机制的主要指标。政绩考核指标的片面化，使得地方官员更多地重视区域经济的短期效应，并希望经济效应可以在其任期内的效果更直接，进而导致区域经济在发展中无法实现要素积累、制度优化和政策延续，同时也忽视了区域间经济的合作，加强了区域间经济的对抗，不利于推动区域间的经济协调发展，甚至恶化了区域间经济的布局。因此，中央政府应当对政府政绩考核机制进行合理改革，设计一个系统、全面、规范、指标化的政绩考核系统。

2013年中央组织部在其印发的《关于改进地方党政领导班子和领导干部政绩考核工作的通知》中指出，政绩考核机制优化应着眼于两个方面：一是要科学设置考核指标，改变目前考核指标过多偏重于国内生产总值、固定资产投资、工业产值、财政收入等经济指标的现象；二是加强对政绩的综合分析，辩证地看待主观努力与客观条件、前任基础与现任业绩、个人贡献与集体作用。结合这一政策视角，本书提出了以下几点对策建议。一是在经济总量指标中加入区域经济增长的质量和结构性指标。王健提出的GNP+SCC指标，不仅反映出了区域经济的总量，还显示出了区域公共产品即公共服务的价值，这有利于反映区域经济增长的质量。二是在考核指标体系中加入区域社会效益指标，如环境保护指标、区域经济可持续化指标、社会治理优化指标等。李静江和吴小荧认为应当在政绩考核中加入环境保护指标，以此解决环保与经济增长之间存在的矛盾。当前我国实行的环保"一票否决"制是这一理念的充分体现。三是在考核体系中加入区域间的经济合作指标，并设置区域间对抗的惩罚考核指标等。王扩建认为只有通过区域协调的方式，建立涵盖"德、能、勤、绩、廉"等内容的全方位的政绩动态考核体系，才能促进区域经济的协调发展。

同时，应依据经济发展的区域地理特征，设计区域异质性的考核分体系，以此引导地方政府合理处理区域之间、地方与中央政府之间、城市与乡镇之间的经济和社会系统的关系，避免区域之间的恶性竞争行为，进而推动区域间经济的协调发展。

二、完善和梳理法律法规体系，在制度路径上推动区域经济发展

学者在正式制度层面对地方政府的竞争行为做出了较多的研究。谢晓波认

为,区域开放程度越高,区域内的市场竞争程度越强,地方政府通过制度创新手段提升政府竞争的意愿也会相应越高,区域经济结构的优化进程也会加快,同时地方政府竞争程度加剧,也使得制度的演进过程更加适应区域外部因素的约束。汪伟全认为制度变革对地方政府竞争的影响比资源层面下的竞争模式更加显著,不断进行制度创新、减少制度运行成本,可以有效地规范政府竞争,促进区域经济的合理发展。傅强和朱浩认为以治理机制为主要内容的制度变革对于区域经济转型具有重要的影响,构建合理的制度框架对规范地方政府竞争具有积极的作用。刘汉屏和刘锡田认为制度创新可以影响地方政府竞争能力,确立地方政府经济利益可促进地方政府竞争的优化。唐丽萍认为政府竞争引致的制度变革,反过来会为政府竞争提供积极的条件支持。

由学者的研究结论可知,以法律法规构建为主要内容的正式制度设计是保证区域间政府竞争合理规范的重要前提。然而,目前我国中央政府在区域发展方面的制度规范往往着眼于一些重点区域的发展战略设计,如"一带一路"建设、京津冀协同发展等,但约束省份与省份之间行为规范的一般性法律法规还有待进一步明确和提出。结合前人的研究,本书提出了正式制度层面优化政府竞争、推动区域经济协调发展的两条路径。①设计和构建区域间的政府职能法律法规。一方面,利用中央政府的法律法规制定职能,颁布和实施约束区域间职能关系和经济社会治理关系的法律法规。另一方面,地方政府应当积极构建区域间经济互动的相关法律法规,对地方保护主义进行制度层面的限制。这些新设计的法律法规应当包含以下几个方面:一是各级政府边界和职能的清晰界定;二是对规范区域间经济关系的机构职能、组织体系进行法律定位;三是制定相应的激励和惩罚机制,以对地方政府参与区域间经济关系的行为方式进行约束。②从优化政府合理竞争视角对已有的法律法规进行梳理。首先,建立跨区域的法律法规清理机构,对认定为具有地方保护主义倾向和区域壁垒性质的地方性法律法规和规章制度进行全面清理,并分类划级地进行废除或者修改。其次,在司法体制方面,建立一个跨区域的且地方政府无法干预的自上而下的法律约束体系。最后,在中央政府的主导下,建立市场主体(企业等)对地方政府地方保护主义或行政壁垒政策措施的申诉机制,同时要保证地方政府不能通过任何手段对其进行干预,且法律裁决是公正的、不具偏向性的。

三、建立跨区域经济协调机构，为地方政府间的互动提供组织保障

建立跨区域的经济协调机构和机制是促进区域协调发展的关键之一。覃成林在其研究中提出了一个由市场机制、空间组织机制、合作机制、援助机制和治理机制构成的且机制之间相互作用和相互联系的区域经济协调机制。杨亚琴认为构建合理的区域间经济协调机制是促进区域间经济协作的重要路径。同时，她也认为我国的区域经济协调发展的机制应当以市场为主导推动力、政府积极发挥辅助功能，区域间经济协调机构发挥直接作用的。那么，区域间的经济协调机制具体应当是怎样的呢？林民书和刘名远给出了答案，他们认为利益分享和补偿机制是区域地方政府之间互动过程中协调区域间经济关系的主要手段，也是区域间经济协调机制塑造的关键。周绍杰等认为推动区域经济的跨区治理并优化相应的机制是推动区域经济合作发展的关键，而其不断深化的目标在于促进区域经济发展、推动区域环境保护、实现区域经济的均衡发展。张利华和徐晓新在构建跨区域经济协调机构方面提出了更为实际的政策建议，其提出了四种典型协调机制，分别是大都会区域理事会、地方政府首脑座谈会、上级政府派出机构和联合党委，并认为应当设计地方政府间的跨区域经济协议和法规，同时主张引导多区域主体参与制度设计。有些学者发现了跨区域经济协调机制构建的无效率行为，如刘亚平和刘琳琳认为目前中央政府主导下的跨区域政府合作机制存在着跨区域公共问题、外部性问题、保障性财政支出弱势等问题，有效的应对策略应当包括以下两个方面。一是在沟通协调机制、信息共享机制和利益补偿机制约束下构建地方政府的横向问责机制；二是利用有效的制度安排和资源保障政府间协调机制的有效运行。

如前所述，区域间市场化程度差异会造成市场竞争的负向效应。同样，政策理念的区域间差异和区域政策机制的不协调会引致政府竞争的负向效应。目前，在中央政府的宏观调控下我国并不缺乏相关的区域协调政策，但这些政策的落地却是一个很大的问题。想要合理解决这个问题，就需要构建一个合理的跨区域政策协调机构。结合我国目前的发展状况，本书提出以下两方面的机构构建思路。

其一，由中央政府主导，建立一个超脱于各利益主体之外的机构来协调各区域间的经济关系。这样的协调机构一般具备以下三方面特征：一是其行政级别高于各区域地方政府，其具备足够的行政权力对各区域的资源进行合理调配；二是这些机构一般不与各区域行政主体存在相关的利益关系；三是其职能

定位于执行中央政府的区域发展战略。目前，我国区域经济协调发展推进过程中主要采取的也是这一方式，如我国推动的"东北老工业基地振兴""西部大开发"和"中部崛起"战略等。但这样的行政机构也存在一些不足之处，如区域发展战略过度依赖中央政府的决策，区域主体的自我决策和自主执行的激励机制欠缺等。

其二，由各区域利益政府主体自发联合构建的跨区域经济协调机构。目前，我国存在较多的相应的合作机构，如长三角一体化发展论坛和泛珠三角区域合作与发展论坛等。这些自发构建的机构达成的一些区域决策往往能够得到及时有效的执行，区域经济发展战略实现效果也相对较好。但这些机构的运作也存在一些问题，如机构职能定位不能跨越各区域利益主体的职能权力，这束缚了这些机构在跨区域经济决策上的效率和作用范围。

笔者将上述两种机构建方式进行"取长补短"式的结合，提出了一种新型的跨区域经济协调机构构建方式：由中央政府主导，召集各地方政府的行政领导进行区域经济决策磋商，并构建一个常设机构督促和执行已经制定的相应区域经济决策；同时，中央政府应当赋予这些机构一定的行政权和财政权，使得协商机构的决策执行效率得到保障。

四、在区域异质性视角下推动地方政府财政支出结构合理优化

财政支出是我国地方政府施政的主要手段，而财政支出结构的偏离是造成我国区域经济发展不协调的重要原因。李后建和何山研究发现，我国中部地区的财政支出结构失衡状况比东部地区和西部地区更为严重，而财政支出结构的失衡对区域经济协调增长的影响是负向的。王宝顺和刘京焕认为地方政府竞争是引致财政支出结构失衡、造成财政支出向生产性支出过度倾斜的主要原因，而生产性财政支出的空间外溢对区域经济发展的影响是负向的。尹恒和朱虹认为政绩考核机制是造成我国地方政府财政支出结构偏离的主要原因，而财政支出结构的偏离引致了政府对市场干预的过度或缺位。范庆泉等认为优化地方政府的财政支出结构，合理确定生产性支出和消费性支出的区间比例，可以更好地发挥政府在区域经济发展中的作用。

改革开放以来，我国财政支出结构过度偏向于生产性财政支出，民生财政支出被"挤出"。进入21世纪之后，我国政府开始逐步重视对民生领域的财政投入，但我们不能盲目地实施财政支出结构优化的政策策略，而应当"有理

有据"地进行财政支出结构调整。首先,各地方政府应当根据本地区市场特征选择最优的财政支出结构。如前文所述,后发省份地方政府的生产性财政支出可以有效地推动区域经济的发展,而先发省份过度的生产性财政支出却挤占了市场机制和保障性支出的经济作用。因此,我们不能盲目拒绝生产性财政支出行为,也不能过度依赖生产性财政支出行为。根据不同省份的市场机制成熟程度,地方政府可以选择符合自身比较优势的财政支出结构。其次,生产性财政支出行为应当遵循"政府适度干预市场"的原则。目前,我国地方政府的生产性财政支出往往会引致地方政府对市场的过度或不当干预,这使得本可产生积极经济效应的生产性财政支出产生了消极的经济效应。因此,政府在财政支出决策上应当充分考虑其对市场的影响。最后,中央政府应当加大对后发省份的财政支出转移力度,同时为后发省份提供和配套相应的税收优惠政策。中央政府应当通过制度手段约束各省份的财政支出结构偏离现象,确保各地区保障性财政支出总量和结构,为区域社会效应的充分发挥提供保障。

第五节 市场竞争视角下区域经济协调发展的促进策略

就长期而言,通过要素"返流"和"外溢"、要素相对价格(报酬)均等化、区域经济结构演变、区域间的合理分工和区位比较优势的充分发挥等市场机制,市场竞争调整不同层次生产要素在不同区域间的配置,进而推动区域间经济的协调发展。因此,地方政府合理培育其市场机制,推动区域间生产要素的优化配置,可以积极助推区域经济协调发展。那么,地方政府怎样才能有效培育其市场机制呢?本节提出以下建议。

一、利用市场机制引导不同层次劳动要素在区域间的供需配置

学者对区域经济发展视角下劳动力要素配置的政策建议相对比较丰富。李晓阳和黄毅祥认为目前我国存在着人口过度迁移现象,后发省份在人口资源和人力资本上相对匮乏,而先发省份又面临着人口过度集聚的难题,这对我国区域经济的合理发展造成了消极影响。地方政府应当合理引导劳动力的"返流",优化劳动力在区域间的配置,促进区域经济的共同发展。而增加后发省份在人力资本和教育科技等方面的投入是缓解我国人口流动负效应的主要对策切入口,这也是推动我国产业转移和优化劳动力资源合理配置的主要手段。纪韶和饶旻则将应对这一经济问题的主要手段概括为两点,即后发省份应当通过发展

第七章 完善并优化政府和市场竞争机制以促进区域经济协调发展

符合其区位优势的城市群经济以拉动劳动力的"返流",提升市场化程度,优化劳动力市场。

目前,我国区域间劳动力流动在不断深化,后发省份的劳动力流动格局由以前的"流出省外"向"省内转移"转变。在这一背景下,我国后发省份面临着经济发展契机到来、劳动力供需市场结构性改变等挑战。为了能合理利用市场机制引导不同层次劳动要素在区域间的供需配置,本书提出以下对策。首先,深化高等教育改革,大力加大职业教育投入,使得不同层次劳动力可以在不同经济区域实现其经济价值。当前在我国高等教育体制作用下,劳动力市场面临着"学历教育供给过度、职业教育需求得不到满足"的问题,而许多企业,特别是一些后发省份企业,急需一些具备熟练工作能力的技术职工。劳动力市场的结构性供需矛盾日益凸显,这也是政府教育政策亟待革新的一个重要体现。因此,中央政府和地方政府应当根据本地的劳动力市场状况进行相应的高等教育改革,推动职业教育的发展。其次,在政策层面放开区域间劳动力流动的壁垒限制。在统一的全国大市场,劳动力可以在区域间自由流动,工资等市场因素成了区域间劳动力资源配置的重要杠杆。但是户籍制度等政策措施也对区域间劳动力的流动产生了重要的约束作用。如何放开这些政策层面的约束限制成为我们推进市场资源配置优化过程中所面临的重要问题。再次,利用政府职能和市场力量优化区域间的劳动力供需结构。劳动力流动从供给层面而言存在着一定的盲目性,这与市场信息不完全有关,也与劳动力流动的自发性有关。地方政府应当根据其自身的经济结构和产业发展需要,引导供给不足的劳动力流入及供给过剩的劳动力流出,同时加强与其他省份的劳动力资源配置合作,弥补劳动力供需的市场失灵现象。引导措施不能是计划经济性质的直接干预手段,而应当通过信息完全化、劳动力培训、劳动力供需市场建设等措施,对市场机制失灵进行弥补,间接推动区域间劳动力资源优化配置。要强调的是,在劳动力市场就业服务体系建设中,不仅应当发挥出政府的职能作用,还应当积极鼓励一些第三方服务机构参与到就业服务中,如前程无忧、中华英才网、智联招聘、58同城等就业服务企业。最后,应当从制度层面保障劳动力供需市场的正常和合理运作。中央和地方政府应当根据劳动力供需市场的发展状况进行法律法规的及时更新,对一些过度或不合理干预劳动力市场的政府行为进行约束和规范,同时对一些就业服务的中介企业应当积极规范。另外,对一些劳动者应当享受到的权益,相关法律法规应当给予足够的保障。

二、以资本的市场配置为依托助推区域间经济结构转型的承接

资本的跨区域配置是区域经济格局形成的重要动力。赵志耘和吕冰洋认为先发省份在资本充裕度、资本生产率及收益率上都要远远优于后发省份，这使得先发省份的市场决策空间要宽于后发省份，而后发省份企业的融资渠道相对较窄且其资本在总量和结构两方面的需求性都较强。面对这一资本格局差异，郭金龙和王宏伟提出了五方面的建议：①充分发挥出中央财政对后发省份资金的支持；②提升后发省份的基础设施建设；③在金融政策上给予后发省份一定的倾斜；④加快后发省份的市场培育；⑤积极吸引先发省份和外商的资本流入。豆建民强调了政府财政资金对资本跨区域流动的作用机制，并认为应当积极引导资本向后发省份的流动，而后发省份的财政支出应积极改善其市场的投资环境，以此进一步提升资本的收益率，改善区域的经济结构，缩小区域间的经济差距。

在经济下行压力不断加大的经济大环境下，我国东部地区面临着投资增速逐步放缓的问题，2015 年东部地区投资 246 387 亿元，同比增长 8.3%，增速同比回落 6.3 个百分点；我国中西部地区则显示出了承接东部地区制造业转移的巨大潜力，2005—2013 年中西部地区投资总量在不断攀升，其中制造业的投资突飞猛进。结合前文的相关结论，笔者提出以下建议。首先，深化国有企业改革，降低政府对国企市场决策的干预。国有企业的市场投资是我国资本市场的重要构成部分，但国有企业投资的决策受到政府的影响相对较大，这使得国有企业在市场运作中对市场规律的背离程度也会相对较大，进而会使得市场机制的资源配置效率降低。特别是面对地方政府过度的或不合理的市场干预时，区域间资本要素的"返流"和"外溢"机制得不到有效发挥，市场竞争的正向效应受到了制约。其次，优化先发省份的资本结构，提升资本的利用效率。我国资本充裕度相对较高的先发省份目前所需采取的两个主要措施：一方面，引导传统产业和过剩产业投资的流出，加速资本向新兴产业和支柱产业的转移；另一方面，提升资本的利用效率，通过市场机制实现不同效率层次资本的"优胜劣汰"。同时，先发省份应当在资本层面引领区域经济结构转型，并通过金融市场和政策手段提升区域资本的配置效率。最后，后发省份应当加速资本的市场培育，并完善和提升区域内资本的配置效率。目前，后发省份在资本的配置上政府的主导作用相对较强，将政府主导转向市场主导是后发省份亟待解决的一个问题。后发省份应当减少国有企业政策导向性的投资，拓宽市场投资渠道，

提升金融机构的融资服务，优化融资环境，促进后发省份的资本配置效率。另外，后发省份应当抓住先发省份经济结构转型的契机，积极承接先发省份的产业投资转移，加速自身的经济结构转型。后发省份政府之间应当提升其市场开放度，各后发省份应提高本区域对先发省份资本的吸引力，并从政策层面避免后发省份内部之间的"恶性竞争"。

三、合理利用技术外溢效应和技术后发优势促进区域经济收敛

技术进步差距是引致先发省份和后发省份经济差距不断扩大的重要原因。后发省份应当积极在制度层面激励技术的进步和创新，积极优化和吸引人力资本，增加科研和技术创新方面的进步，以此带动本区域技术向先发省份的"追赶"，进而缩小区域间的经济差距。刘辉煌等认为各地区应当根据技术差距的特征和状况选择并制定相应的产业和区域技术引进策略，以此缩小区域间的技术差距，推动不同地区的产业结构调整，进而带动区域经济的共同增长。欧阳峣和生延超认为后发地区可以利用其在技术层面的后发优势促进本区域的技术进步，以此带动区域经济的收敛。而后发地区的技术后发优势主要表现为技术的引进、技术的再开发和再利用。同时，后发地区应当根据其自身的要素禀赋构建其自身的区域技术创新体系，并积极培育区域内的技术学习和吸收能力。陈柳和刘志彪认为在人力资本的交互作用下技术外溢可以积极推动后发地区经济的增长，同时其也提出了相应的对策建议，包括后发地区应当加大科研及技术方面的投入，构建区域内的研发合作机制，实施技术创新的人才策略，强化制度层面的创新等。

结合前面的相关结论，笔者提出以下对策。

其一，合理利用技术外溢效应促进区域经济收敛。一方面，后发省份应当根据其自身的技术诉求搭建技术研发主体或市场主体与先发省份相关主体的交流平台。另一方面，后发省份地方政府应注重外资引进对技术外溢的积极影响，同时还需发挥出产业和要素集聚路径下技术外溢的正向效应。

其二，合理利用技术后发优势促进区域经济收敛。首先，各省份应当根据其要素禀赋和产业特征选择适合其自身发展的技术推进战略。技术推进战略具有一定的经济周期特征，在经济发展的初期应当选择后发优势边际效应相对较强的"引进、学习、模仿"战略；而在经济发展后期，后发优势已经并不明显，应当选择以自主创新为主的技术推进战略。其次，在利用技术后发优势的同时

应当正确对待"引进、学习、模仿"战略和自主创新战略之间的关系。对于后发省份而言，不能一味追求技术后发优势的经济效应，而应当充分意识到"引进、学习、模仿"战略最终还是为自主创新服务的。最后，后发省份应当提升技术后发优势的边际效应。一方面，加大技术引进和技术吸收方面的资金投入和政策支持，另一方面，提高本区域的人力资本水平和知识吸收能力。

四、缩小区域间市场化程度差距优化市场机制的资源配置作用

区域间市场化程度差距的扩大是我国市场竞争缺乏效率的主要诱因，缩小区域间的市场化程度差距是推动我国区域经济协调发展的重要路径。

1. 在产品和要素市场塑造一个统一的有序开放的大市场

一方面，在加强交通基础设施建设提升要素流动速度和拓宽要素流动渠道的同时，通过通信体系的优化和要素流通载体的建设降低区域间要素资源配置的交易成本。另一方面，通过制度手段对产权进行合理界定，并完善区域间的产权供需市场，使得国内大市场构建的市场机制有良好的依托，进而打开区域间的市场壁垒限制，强化区域间的经济联系、缩小区域间的经济差距，促进区域经济协调发展。2016年中央政府工作报告中也提出"建立现代产权制度，基本建成法治政府，使市场在资源配置中起决定性作用，更好地发挥政府的作用"。

2. 在中央政府的主导下积极推进区域经济一体化

区域经济一体化是缩小区域间市场化程度差距的较为直接的手段。如我国已形成的长江三角洲经济区、珠江三角洲经济区等，可以有效推动先发省份和后发省份的经济一体化，同时也会通过市场外溢性缩短经济区域内后发省份市场化程度与先发省份的差距。目前，我国区域经济一体化的推进策略主要表现为打破行政边界限制、依据区域经济比较优势和区域产业分工特征，形成经济区域内的互相开放的统一市场，进而带动区域经济的共同发展。

3. 在制度层面统一并完善全国范围内的市场竞争规则

市场主体的经济行为存在较强的独立性和自发性，而市场主体的行为差异是形成区域间市场化程度差距的重要原因。目前，我国在规范区域市场竞争方面出台了一些地方性的制度规范和组织保障，如《珠江三角洲地区改革发展规划纲要（2008—2020年）》、长江三角洲城市经济协调会等，但缺乏一些系

统性的完善的制度约束。因此，我国应当在正式制度（法律法规）和非正式制度（社会资本运作机制）等方面规范市场竞争过程中区域主体的经济行为，这有利于促进市场间的有效衔接，规范地区间的市场竞争行为。特别强调的是，加强法制建设，培育良好的市场环境是推动先发省份和后发省份市场衔接的重要手段。

4. 推进先发省份和后发省份公共服务的均等化

公共服务的区域差异和不平衡（如社会保障体系、社会信用体系等）是造成我国目前要素过度集聚和区域布局不均衡的重要原因。党的十六届六中全会首次明确提出实现城乡基本公共服务均等化目标。经过党的十七大、十七届三中全会、十八大等重要会议的强调和部署，基本公共服务均等化总体实现已成为全面建成小康社会战略目标的重要内容。推动公共服务的均等化不仅有利于推动生产要素在区域间的合理配置，还有利于对后发省份的市场进行合理培育，进而推动两类区域的市场衔接。

第六节 双重竞争互动协作促进区域经济协调发展

根据前面的分析可知，在政府竞争和市场竞争的正向效应作用下，政府和市场可以充分发挥出其互补作用，积极推动区域间经济的协调发展。那么如何才能使得政府竞争和市场竞争实现有效的积极互动协作呢？这是本节要具体讨论的问题。

一、构建"市场主导、政府调控"的区域经济发展模式

我国的改革开放进程是一个自上而下的经济变革历程，其中起主导作用的便是政府。在经济活力刚刚释放的初期，政府在市场开放中的作用非常显著，市场经济效益也是很突出的。但随着我国市场体制的日益完善，政府的市场干预带来的经济边际效益在不断下降。此时，地方政府应当改变"政府主导一切"的思想观念，让市场这只"无形的手"开始主导区域间的资源配置，学会通过间接地调节市场机制以实现区域经济统筹发展的目标，而不是试图通过政府职能替代市场机制的手段实现区域经济协调发展。在区域经济发展的"赛场"上，应当让市场成为"赛场"上的主导——"运动员"，政府应当扮演好"裁判员"的角色，做好对市场的宏观调控。《2016年国务院政府工作报告》指出，"必须全面深化改革，坚持和完善基本经济制度，建立现代产权制度，基本建成法

治政府，使市场在资源配置中起决定性作用和更好地发挥政府作用，加快形成引领经济发展新常态的体制机制和发展方式。"在中央政府的着力引导下，我国市场化改革取得了很大进步，但由于地方政府的思想观念未能及时转变，先发省份和后发省份的市场化程度差距依然较大，2014年我国市场化程度差距最大达到了0.460 1，而2007年我国市场化程度差距最大达到了0.298 7。为此，本书提出了构建"市场主导、政府调控"的区域经济发展模式概念。

"市场主导"意味着市场主体在地区竞争中的自发性、生产要素在地区间配置的自组织性、区域间市场和经济结构调整的自适应性。"逐利"成了市场微观主体实施其市场活动的主要驱动力，而微观主体的经济活动又塑造了整个经济市场的运行。在政府不进行过度干预或不合理干预的情况下，地区间市场竞争中形成的市场运作机制会不断自我完善和逐步推广。在此路径下，生产要素不仅会实现区域间"量"的配置，还会实现区域间"质"的配置（即产业转移和经济结构转变等）。同时，经济结构调整也会呈现出阶梯式的自我适应性，阶梯式指经济结构调整由先发省份向后发省份逐步推进，自我适应性指在市场的力量下自我催生经济的结构性调整。在对区域经济协调发展的推动作用上，"政府主导"强调的是一种区域政策导向的"自上而下"的驱动，这对政府的决策判断的科学性要求相对较高；而"市场主导"强调的是一种市场自发性的"自下而上"的驱动，这种驱动能更好地对市场供需结构做出判断。

然而，"市场主导"也会催生"优胜劣汰"短期经济"阵痛"效应和市场失灵现象这两大问题。这需要政府对市场拥有清晰的认知和判断，并通过合理的政策和干预手段对市场进行调节。此时便引出了我们要关注的另一个问题：即随着市场机制主导作用的不断发挥，政府的调节作用能否跟上其"步伐"？回顾过去的政府职能历程，从改革开放初期的招商引资，到后来的大规模基础设施建设，再到后期的产业集聚政策的推进，以及到后来的三农政策的实施，最后到环境保护政策的推动，我国地方政府的政策重点一直在顺应着市场机制的演进而不断变化。因此，区域经济发展过程中政府既要把握好市场的"主导地位"，又要合理地发挥调控职能。

二、加强区域间政府制度供给与市场制度演进的良性互动

《中国共产党第十八届中央委员会第三次全体会议公报》指出，经济体制改革是全面深化改革的重点，核心问题是处理好政府和市场的关系，使市场在资源配置中起决定性作用和更好地发挥政府的作用。而政府在经济体制改革过

程中的正式制度供给和其对市场非正式制度的作用对处理政府和市场的关系具有重要的影响。正外部性的政府制度供给可以缩小区域间的非正式制度歧视差异，进而促进区域经济的协调发展，这就要求政府应积极加强制度供给与市场制度演进的良性互动。

首先，弱化本地区非正式制度对外地企业的歧视性是在政策制定层面推动省份间经济协调发展的重要准则。而这种弱化非正式制度歧视的行为不仅仅包括减少外地企业在本地市场的市场进入障碍，还应当包括从非正式制度层面为外地企业在本地市场获得平等竞争机会提供条件支持。以长三角为例，由于行政壁垒的存在，长三角地区形成了差异化的市场环境，这导致了各地区市场准入门槛有高有低、执法尺度有松有紧、商品质量检测结果互不通用等问题。2007年底，苏浙沪三地工商部门共同发布了"长三角工商一号、二号"文件，率先在工商领域拆除行政区划篱笆。降低区域经济运行的交易成本是弱化省份间制度歧视性行为的核心问题，地区政府在对政策歧视性进行弱化的过程中应当从降低交易成本的视角出发，如简化外地企业在本地区运行中的各项行政审批手续，推广普通话以减少外地企业在本地区的方言障碍等。

其次，地区政府在政策制定过程中不仅应考虑政策实施对本地区的经济效应，还应当充分考查政策实施对其他省份的外部性影响。以北部湾经济区为例，国有企业是后发省份推动区域经济发展的重要动力，2005年北部湾经济区内国有企业及国有控股企业产值占工业总产值的比例达到了36.9%，但政府对国有企业的过度支持使得非国有企业的发展得不到重视，由此对非国有企业产生了负外部性影响（如企业税收政策等方面的差异化政策等使得非国有企业的市场成本相对更高）。负外部性政策的实施在短期内有利于提升本地区产出水平，却不利于其他省份经济外溢性的发挥，反而在一定程度上会诱发其他省份的"报复性"竞争行为，阻碍本地区的发展。正外部性政策的实施使得经济外溢性效应得到更好的发挥，进而推动省份间的共同发展。如在环保和交通基础设施等方面加强本地区与其他省份的合作，减少本地区的"固步自封"行为，有利于加强省份间的经济联系，缩小省份间的经济差距，推动省份间的经济协调发展。

最后，本书在模型构建中对中央政府的约束性分析是定性的，对其作用的把握不够充分。中央政府在弱化省份间制度歧视中的作用是比较显著的，中央政府可以充分利用其自身所掌握的政策优势，从正式制度和非正式制度层面优化国家区域经济政策，打破行政边界发挥区域经济比较优势，推动省份间经济的协调发展。2009年9月23日，国务院总理温家宝主持召开国务院常务会议，讨论并原则通过《促进中部地区崛起规划》。在该区域战略的推动下，我国中部地区省份的经济发展取得了显著的成果。2014年,湖北省、湖南省、江西省、河南省和安徽省的经济增长率分别达到了10.44%、9.81%、9.05%、8.53%、8.42%。但中部地区内部的经济差异也在逐步显现,合理细化区域内部的经济协调成为我们所需关注的问题之一。

三、加深区域经济发展过程中政府政策与市场机制的动态互补

政府政策和市场机制是区域经济协调发展的重要影响因素,同时二者之间也存在着互相影响关系,因此需要加深区域经济发展过程中政府政策与市场机制的动态互动,以推进区域经济的协调发展。

一是处理好政府与市场的关系,发挥政府调控和市场机制对区域经济协调发展的共同作用。市场机制一方面带动了我国区域经济的增长,但也扩大了区域间的经济差距。政府通过投资和政策倾斜等手段对市场所实施的合理干预可以弥补市场机制的不足,然而过度的市场干预破坏了市场在资源配置中的基础作用,不利于区域间的经济协调发展。因此,政府区域发展战略的制定应当充分考虑区域的市场特征,同时政府应给予市场机制不完善的经济区域一定的政策和财政倾斜。目前,我国正在这方面做出了积极的努力,如"京津冀都市经济圈"的定位是"以首都为核心的世界级城市群、区域整体协同发展改革引领区、全国创新驱动经济增长新引擎、生态修复环境改善示范区","长江三角洲经济区"的定位是"我国综合实力最强的经济中心、亚太地区重要国际门户、全球重要的先进制造业基地、我国率先跻身世界级城市群的地区"。当然,除了这些较为成功的区域发展战略案例外,我国还存在着盲目制定区域发展战略、区域发展战略定位不准确等问题,政府政策强加的区域市场定位使得市场机制不能有效地进行区域资源配置,不利于区域经济协调发展。

二是将区域经济协调发展的重点由区域内经济融合转向各经济区域间的统筹规划。目前,我国正在形成的城市群达到25个,国家级的区域规划也在不断增加。在此背景下,地方政府关注的焦点在于如何有效发挥本地区在经济区域内部的优势以带动其自身的经济增长,而对于不同经济区域之间的统筹规划地方政府却很少提及。因此,我国需要构建超越经济区域规划的行政机构,制定和完善跨经济区域的协调机制和制度体系,充分发挥经济区域的比较优势,促进经济区域之间的协调发展。

三是后发省份在区域经济战略的制定上不能盲从区域规模效应,应当根

据其自身的地理临近性、市场机制和政府作用态势谨慎地进行经济区域规划。同时,应当打破行政边界的限制,充分利用省份之间的经济依存度和互补性,用"分工"代替"分割",实现市场要素的自由流动,促进区域间的经济协调发展。

四、提升政府和市场竞争的正向互补效应助推区域经济协调发展

在区域经济协调发展的推进过程中政府竞争和市场竞争的正负效应是并存的,而在它们的正向效应作用下,二者之间形成了互补效应。

一方面,提升政府竞争正向效应对市场竞争失灵的补充作用。(1)积极发挥出要素"返流"和"外溢"机制下生产性财政支出的正向效应,弥补市场竞争过程中引致的产业和要素过度集聚的不利格局。先发省份应积极通过政策手段留住高层次人才,如2010年苏州实施的《关于高层次人才住房公积金政策优惠有关规定的通知》、2014年宁波实施的《宁波保税区高层次人才住房保障管理办法》、2014年杭州市委市政府印发的《杭州市高层次人才住房保障实施意见》等。(2)利用政策导向下的产业转移战略,推动我国先发省份和后发省份的经济结构互动转型,弥补产业资源配置中的市场失灵现象。如2010年国务院正式批准实施《皖江城市带承接产业转移示范区规划》,是我国中西部地区承接产业转移战略推动经济发展的显著代表。皖江示范区现有的产业基础和产业结构调整升级所带来的投资空间,吸引外来投资商接踵而至。但目前我国还面临着地方政府进行盲目产业承接、产业承接恶性竞争等难题。(3)利用生产性财政支出带动的区域市场环境优化,推动区域间市场化程度差距的弥合和市场机制的有效衔接,利用政府制度供给弱化区域间的非正式制度歧视,促进区域市场化差异的缩小。2006年《中国120个城市投资环境报告》出炉,报告显示,无论是交通设施、电力供应还是政府效率,东部地区城市的投资环境明显要优于中西部地区城市的,这意味着我国后发省份在市场环境优化方面还存在着较大的提升空间。

另一方面,提升市场竞争正向效应对政府竞争失灵的补充作用。(1)利用市场机制的要素配置作用打破政府对要素市场的不当干预。如在价格改革方面,2015年李克强总理在政府工作报告中提出"发挥市场在资源配置中的决定性作用,大幅缩减政府定价种类和项目,具备竞争条件的商品和服务价格原则上都要放开"。在这一政策导向下,我国医疗市场竞争机制更加完善。市场资

源配置作用应当积极地推广到我国经济改革的各个方面。（2）通过长期效应下的要素相对价格均等化推动后发省份地方政府逐步放弃地方保护主义策略。市场机制作用下的要素相对价格均等化使得我国出现先发省份劳动力向后发省份"返流"的现象。2011年河南农村劳动力转移就业总量达到了2465万人，其中省内转移1268万人，省外输出1190万人，第一次出现了省内就业超过省外就业的重大转折。其他中部地区省份也相应地出现了劳动力回流的现象，这使得我国中西部地区逐步放开了区域劳动力市场，也为我国中西部地区经济发展带来了机遇。（3）利用市场机制调节后发省份之间的资源配置避免后发省份地方政府之间的恶性竞争。随着产业转移政策的不断推进，承接地政府之间的竞争程度也在提高，这就带来了一些区域问题，最明显的是土地价格竞争造成国有资产流失、土地管理秩序混乱以及圈占囤积土地的现象。这是政府干预过度的消极表现，政府应当逐步放开，让市场竞争机制参与进来。

通过提升政府竞争和市场竞争的正向互补效应，可以使得政府失灵现场和市场失灵现象得到有效约束，进而加强区域间的经济联系，缩小区域间的经济差距，促进区域间经济增长收敛，推动区域经济的协调发展。

参考文献

[1] 陈耀. 中国长三角地区的制造业集聚与分工[J]. 学习与实践, 2006(8): 18-23.

[2] 彭荣胜. 区域经济协调发展内涵的新见解[J]. 学术交流, 2009(3): 101-105.

[3] 于溯阳, 蓝志勇. 大气污染区域合作治理模式研究：以京津冀为例[J]. 天津行政学院学报, 2014, 16(6): 57-66.

[4] 覃成林, 张华, 毛超. 区域经济协调发展：概念辨析、判断标准与评价方法[J]. 经济体制改革, 2011(4): 34-38.

[5] 汪伟全. 空气污染的跨域合作治理研究：以北京地区为例[J]. 公共管理学报, 2014, 11(1): 55-64.

[6] 王惠娜. 区域合作困境及其缓解途径：以深莞惠界河治理为例[J]. 中国行政管理, 2014(1): 35-40.

[7] 曹海军, 霍伟桦. 城市治理理论的范式转换及其对中国的启示[J]. 中国行政管理, 2013(7): 94-99.

[8] 赖苹, 曹国华, 朱勇. 基于微分博弈的流域水污染治理区域联盟研究[J]. 系统管理学报, 2013, 22(3): 308-316.

[9] 乔朋华, 王辰, 李敏义. 科技投入与区域经济协调发展评价研究[J]. 科技管理研究, 2012, 32(7): 54-57.

[10] 锁利铭, 杨峰, 刘俊. 跨界政策网络与区域治理：我国地方政府合作实践分析[J]. 中国行政管理, 2013(1): 39-43.

[11] 苏芳. 区域经济协调发展评价：以甘肃兰白地区为例[J]. 生产力研究, 2013(1): 110-113.

[12] 叶敏. 增长驱动、城市化战略与市管县体制变迁[J]. 公共管理学报, 2012, 9(2): 33-41.

[13] 付茹, 唐焱, 吴群. 沪宁杭三市土地市场与区域经济协调发展评价研究 [J]. 资源开发与市场, 2014, 30（4）: 401-404.

[14] 张可云. 论我国区域经济政策的几个基本问题 [J]. 开发研究, 1997(5): 31-33.

[15] 彭伟. 我国区域政策的演变及其对地区经济发展关系的影响 [J]. 开发研究, 1999（5）: 3-5.

[16] 刘志彪. 产业发展过程中的区域政策: 国际经验及其对江苏的启示 [J]. 江苏行政学院学报, 2001（2）: 56-63.

[17] 胡乃武, 张可云. 统筹中国区域发展问题研究 [J]. 经济理论与经济管理, 2004（1）: 5-14.

[18] 李善同, 吴三忙. "十二五"时期我国区域政策的分析 [J]. 水利发展研究, 2010, 10（8）: 16-20.

[19] 杨龙. 中国区域政策研究的切入点 [J]. 南开学报（哲学社会科学版）, 2014（2）: 88-102.